ज्योतिष और आयुष्य योग

ज्योतिष और आयुष्य योग

इस पुस्तक के माध्यम से बालारिष्ट, शीघ्रमृत्यु, अल्पायु, मध्यमायु, दीर्घायु, मारकेश निर्णय, शरीर पर विभिन्न रोगों के प्रकोप, मृत्यु के कारण, एवं उनसे बचाव के उपाय सहित प्रामाणिक जानकारी व्यावहारिक उदाहरणों के साथ पहली बार जान पाएंगे ।

लेखक

अन्तर्राष्ट्रीय ख्यातिप्राप्त, स्वर्णपदक प्राप्त

दैवज्ञ महर्षि पं० भोजराज द्विवेदी

प्र० संपादक "अज्ञातदर्शन" श्री चण्डमार्तण्ड पंचांग

एम० ए० संस्कृत दर्शन, रिसर्च स्कालर ज्योतिष

प्रकाशक

डायमंड पाकेट बुक्स (प्रा०) लि०

X-30, ओखला इन्डस्ट्रियल एरिया, फेज़–2

नई दिल्ली—110020

प्रकाशक : डायमंड पॉकेट बुक्स (प्रा.) लि.
X-30 ओखला इंडस्ट्रियल एरिया, फेस -II
नई दिल्ली- 110020
फोन : 011-40712200
ई-मेल : wecare@diamondbooks.in
वेबसाइ : www.diamondbooks.in
संस्करण : 2025

JYOTISH AUR AAYUSHA YOG : Dr. Bhojraj Dwivedi

पुस्तक के बारे में

संसार का प्रत्येक मनुष्य, चाहे वह किसी भी जाति, धर्म, संप्रदाय व मान्यताओं को मानने वाला क्यों न हो, उसके हृदय में प्रतिपल यह जानने की प्रबल जिज्ञासा बनी रहती है कि उसकी आयु कितनी है ? उसका जीवन कब तक चलेगा ? संसार के किसी भी विज्ञान, किसी भी डाक्टर, दार्शनिक व चिंतक के पास इस समस्या का समाधान नहीं है कि अभी जो बालक पैदा हुआ है, वह कब तक जिएगा ? इसकी मृत्यु कब होगी ? किन परिस्थितियों में होगी ? इसकी (Longevity) दीर्घता क्या है ? व्यक्ति की (Span of life)आयु का विस्तार कितना है ? सांसारिक प्राणी को समझ में न आने वाली सबसे विकट व कठिन समस्या है, उसकी आयु की दीर्घता एवं मृत्यु का समय निश्चित करना । यह बड़े गौरव व आत्मसंतुष्टिका विषय है कि ज्योतिष शास्त्र में इस अत्यंत विकट एवं कठिन विषय पर व्यापक चिंतन किया गया है । इस पुस्तक के पढ़ने मात्र से आप संसार भर के प्राणियों के जीवन के बारे में, उनकी आयु के बारे में, यथा-परमायु, चिरायु, दीर्घायु, उत्तमआयु, मध्यम आयु, अल्पायु, बालारिष्ट, सघःमृत्यु योग इत्यादि अनेक रहस्यपूर्ण तथ्यों को न केवल जान पाएंगे अपितु उसकी निवृत्ति हेतु शास्त्रीय उपायों के बारे में भी महत्वपूर्ण जानकारी प्राप्त कर सकेंगे इतना ही नहीं, अलग-अलग लग्नों के मारकेश निर्णय, मृत्यु के कारण पर प्रामाणिक जानकारी भी प्रैक्टिकल उदाहरणों सहित पुस्तक में प्रस्तुत की गई है । अंतर्राष्ट्रीय ख्यातिप्राप्त विद्वान लेखक पं० भोजराज द्विवेदी की यशस्वी लेखनी से प्रसूत प्रस्तुत 'शोधग्रंथ' ज्योतिष जगत में रुचि रखने वाले प्रबुद्ध पाठकों हेतु अमृततुल्य उपादेय एवं संग्रहणीय पुस्तक है ।

—प्रकाशक

लेखक परिचय

पुस्तक के यशस्वी लेखक दैवज्ञ शिरोमणि पं० भोजराज द्विवेदी ज्योतिष, मंत्र-तंत्र व आध्यात्म विद्या के जाने-माने लेखक, लब्ध प्रतिष्ठ पत्रकार एवं भविष्यवक्ता हैं।

एम० ए० संस्कृत दर्शन प्रथम श्रेणी में रहकर सर्वोच्च अंक प्राप्त किए तथा संप्रति जयनारायण व्यास विश्वविद्यालय जोधपुर में ही वराहमिहिर ज्योतिष विषय को लेकर शोध कार्य कर रहे हैं, ज्योतिष विषय को लेकर अज्ञातदर्शन एक समाचार-पत्र का संपादन गत 17 वर्षों से कर रहे हैं, ज्योतिष में आपको ढेरों मान-पत्र, अनेकों स्वर्णपदक व नागरिक अभिनंदन हो चुके हैं, आपको केंद्रीय स्वास्थ्य मंत्री श्री माखनलाल फोतेदार द्वारा 'डॉक्टर ऑफ ऐस्ट्रोलोजी' की उपाधि मिल चुकी है तथा पूर्व राष्ट्रपति ज्ञानी जैलसिंह द्वारा अंग-वस्त्र, मुकुट एवं सुवर्ण पदक प्रदान कर 'ज्योतिष सम्राट' की उपाधि से सम्मानित किया गया। आप देश-विदेश के अनेक राष्ट्रीय-अंतर्राष्ट्रीय सम्मेलनों की अध्यक्षता भी कर चुके हैं। ज्योतिष व मंत्र-तंत्र विद्या के प्रचार-प्रसार को लेकर सिंगापुर, बैंकाक, हांगकांग, अबूधाबी, दुबई, ऐलिन, शारजाह एवं अनेक मुस्लिम राष्ट्रों की यात्रा भी कर चुके हैं।

ज्योतिष विषय को लेकर पचास से अधिक रेडियो वार्ता, एक हजार लेख तथा डेढ़ हजार से अधिक चौंकानेवाली आपकी भविष्यवाणियां प्रकाशित होकर सत्य प्रमाणित हो चुकी हैं।

आध्यात्म एवं ज्योतिष-क्षेत्र में आपने दर्जनों स्तरीय पुस्तकें लिखी हैं, तथा हमारे यहां से सद्यः प्रकाशित यह दुर्लभ पुस्तक भी अब आपके हाथ में है।

—प्रकाशक

अनुक्रमणिका

ज्योतिष शास्त्र में आयुष्य विचार

विषय प्रवेश

संसार का प्रत्येक मनुष्य, चाहे वह किसी भी जाति, धर्म, संप्रदाय व मान्यताओं को मानने वाला क्यों न हो, उसके हृदय में प्रतिपल यह जानने की प्रबल इच्छा बनी रहती है कि उसकी आयु कितनी है ? उसका जीवन कब तक चलेगा ? संसार के किसी भी विज्ञान, किसी भी डॉक्टर, दार्शनिक व चिंतक के पास इस समस्या का समाधान नहीं है कि अभी जो बालक पैदा हुआ है, वह कब तक जिएगा ? इसकी मृत्यु कब व किन परिस्थितियों में होगी ? इसकी Longevity क्या है ? इसकी Span of life कितनी है ? वास्तव में सांसारिक प्राणी को समझ में न आने वाली सबसे विकट व कठिन समस्या है, उसके मृत्यु का समय निश्चित करना।

यह बड़े गौरव व आत्म-संतुष्टि का विषय है कि ज्योतिष शास्त्र में इस विषय पर व्यापक चिंतन किया गया है फिर भी जीवन भर अनेक ज्योतिष-ग्रंथों को पढ़कर, उनका अध्ययन करके भी आयुष्य का निश्चित निदान कह पाना अत्यंत कठिन है । गणित द्वारा आयुर्दाय निकालकर जन्म पत्रिकाओं में लिखना सामान्य ज्योतिष-परंपरा है परंतु इसमें कुछ भी तथ्य नहीं । पूर्वाचार्यों ने आयुष्य निर्णय पर बहुत जोर दिया है ।

उन्होंने कहा—

परम आयुपरीक्षेत् पश्चात्लक्षण समाचरेत।
आयुर्हीनः नरोयस्य, लक्षणैः किं प्रयोजनम्॥

अर्थात् विद्वान् ज्योतिषी को चाहिए कि सबसे पहले सद्य:जात जातक के आयु की परीक्षा करे, उसके पश्चात् ही किसी अन्य योग, चरित्र व लक्षण पर विचार करे क्योंकि Longevity जब आयु ही नहीं होगी तो अन्य लक्षणों का क्या प्रयोजन ?

संसार में गुणीजनों ने सात प्रकार के सुखों की चर्चा की है । उसमें सबसे पहला सुख स्वस्थ जीवन और दूसरा सुख धन को माना है ।

पहला सुख नीरोगी काया, दूजा सुख हो घर में माया

ऐसा लगता है कि ज्योतिष शास्त्र ने भी इस सर्वमान्य लोकोक्ति को महत्त्व दिया और जन्म कुंडली के पहले भाव से देह तथा दूसरे भाव से द्रव्य (धन) का चिंतन किया गया है । जन्म पत्रिका बनवाने आने वाले व्यक्ति को किस वर्ष में क्या घटना होने वाली है, यह समझने/जानने की उत्कंठा बनी रहती है । जब आयुर्योग निश्चित करना आद्य कृत्य है तो गुणज्ञ ज्योतिषी को सबसे पहले उसी पर विचार करना होता है ।

सद्य:जात बालक की मृत्यु और पैदा होते ही मृत्यु पर विचार करना एक विचित्र समस्या है । बालक की दशा-महादशा-अंतरदशाओं एवं मात्र आयुर्दाय से गणित करके इतना सब कुछ निकाल पाना संभव नहीं है । यह काम अति परिश्रमजन्य व अनुभवगम्य है । काल गणना की इसी समस्या के समाधान हेतु अनेक **दशा प्रकरणों** की निष्पत्ति हुई । विंशोत्तरी दशा, अष्टोत्तरी दशा, योगिनी दशा, काल दशा, मुद्दा दशा, हद्दा दशा, पात्यंश दशा, गोचर दशा और अनेक प्रकार की दशाओं पर चिंतन-मनन किया गया पर इनमें से किसी में भी एक वाक्यता नहीं है ।

ज्योतिष शास्त्र की असली गंभीर समस्या यहीं से शुरू होती है ।

तर्को प्रतिष्ठ श्रुतयो विभिन्ना:
नेको ऋषि: यस्य मत: प्रमाणम्

अनेक महान ऋषि और दैवज्ञ महापुरुष हुए, जिन्होंने बुद्धि-ज्ञान व तर्क के अनुपात से भिन्न-भिन्न सिद्धांतों की संरचना की परंतु यह हमारा दुर्भाग्य रहा कि किसी भी एक दैवज्ञ महापुरुष के मत को अंतिम रूप से अनुसंधानित करके, सार्वकालिक सत्य की कसौटी पर कसकर, हमने निष्कर्ष नहीं निकाला ।

दूसरे शब्दों में यह भी कहा जा सकता है कि ऋषियों द्वारा प्रणीत दिव्य ज्ञान को ग्रहण करने की योग्यता, पात्रता हममें है ही नहीं, तो ऋषि बेचारे क्या करें ?

श्रीकृष्ण ने अपने दिव्य अलौकिक स्वरूप को प्रकट किया परंतु केवल दो-तीन पुरुष ही उस दिव्य शक्ति, अलौकिक शक्ति का दर्शन कर पाए । भौतिक नेत्र तो सभी के पास थे पर दिव्य दर्शन को देखने-समझने की अंतर्ज्योति किसी के पास नहीं थी । बिल्कुल यही हाल ज्योतिष शास्त्र का है । भारतीय महर्षियों ने घोर तपस्या के माध्यम से अपने आपको तिल-तिल जलाकर ज्योतिष के इस दिव्य विज्ञान को जीवित रखा ।

आज ज्ञान-विज्ञान का यह दुर्लभ खजाना सभी के लिए खुला है । अब ज्योतिष विद्या केवल ब्राह्मणों की विरासत नहीं रही । आज विश्व के हर देश, हर जाति, हर संप्रदाय व हर धर्म में आपको ज्योतिषी मिलेंगे । अकेले भारतवर्ष में आपको हजारों-लाखों की संख्या में ज्योतिषी मिलेंगे । पर कितने लोग हैं जो समर्पित भाव से, ज्योतिष शास्त्र के अविरल-शोध अध्ययन व अनुसंधान कार्य में जी-जान से जुड़ करके इस दिव्य विज्ञान के आलोक से जगत को आलोकित कर पाए ।

इन दिनों ज्योतिष में हजारों पुस्तकें छप रही हैं, सैकड़ों लेखक, भविष्यवक्ता पैदा हो गए हैं । एक सर्वे रिपोर्ट के अनुसार पिछले एक दशक से विश्व में लाखों-करोड़ों की संख्या में ज्योतिष से संबंधित सामग्री छपी है जो कि अन्य किसी साहित्य सामग्री की तुलना में चार गुना अधिक है । आज किसी भी भाषा में प्रकाशित समाचार-पत्र, ज्योतिष फल बिना अपूर्ण व अधूरा माना जाता है । निश्चय ही ज्योतिष प्रेमियों की संख्या करोड़ों में बढ़ी है । ऐसे में ज्योतिष के प्रति जागरूक अध्येताओं व ज्योतिष संस्थाओं की जिम्मेदारी और अधिक बढ़ जाती है । यदि इन हजारों-लाखों व करोड़ों की ज्योतिष सामग्री के बीच हम केवल एक बात, एक तथ्य एवं सूत्र की सच्चाई का पता लगाने में सफल हो जाएं, तो आज ज्योतिष के दिव्य ज्ञान का झंडा पुनः पूरे विश्व में फहर जाए । हम हमारी सारी ज्ञान सामग्री, अंतर्चेतना के माध्यम से यदि यह पता लगाने में सफल हो जाएं कि अमुक व्यक्ति कितना व कब तक जिएगा, तो समस्त संसार की मानव जाति इस समस्या के निराकरण हेतु हमारी कृतज्ञ हो जाएगी, ऋणी हो जाएगी ।

ज्योतिष शास्त्र में आयु के विभिन्न मानदंड

आइए, हम आयुष्य निर्णय पर ज्योतिष-शास्त्र के सर्वमान्य सूत्रों के संकलन उदाहरण जैमिनी सूत्र की तत्वादर्शन नामक टीका में मिलता है । महर्षि मैत्रेय ने ऋषि पराशर से जिज्ञासावश प्रश्न किया कि हे महामुने ! आयुर्दाय के बहुत भेद शास्त्र में बतलाए गए हैं, कृपाकर यह बतलाएं कि आयु कितने प्रकार की होती है और उसे कैसे जाना जाता है ? इस पर ज्योतिष के मूर्तिमंत स्वरूप ऋषि पराशर बोले—

बालारिष्ट योगरिष्टमल्पमध्यञ्च दीर्घकम् ।
दिव्यं चैवामितं चैवं सप्तधायुः प्रकीर्तितम् ।।

हे विप्र ! आयुर्दाय का वस्तुतः ज्ञान होना तो देवों के लिए भी दुर्लभ है फिर भी बालारिष्ट, योगारिष्ट, अल्प, मध्य, दीर्घ, दिव्य और अमित, ये सात प्रकार की आयु संसार में प्रसिद्ध है ।

1. बालारिष्ट—ज्योतिष शास्त्र में जन्म से आठ वर्ष की आयुपर्यंत होने वाली मृत्यु को बालारिष्ट कहा गया है । यथा लग्न से 6,8,12 वें स्थान में चंद्रमा यदि पापग्रहों

से दृष्ट हो तो जातक का शीघ्र मरण होता है। सूर्य ग्रहण या चंद्र ग्रहण का समय हो, सूर्य+चंद्रमा+ राहु एक ही राशि में हों तथा लग्न पर शनि मंगल की दृष्टि हो तो जातक पंद्रह दिन से अधिक जीवित नहीं रहता। यदि दसवें स्थान में शनि, चंद्रमा छठें एवं सातवें स्थान में मंगल हो तो जातक माता सहित मर जाता है। उच्च का या नीच का, सूर्य सातवें स्थान में हो, चंद्रमा पापपीड़ित हो तो उस जातक को माता का दूध नहीं मिलता, वह बकरी के दूध से जीता है। इसी प्रकार लग्न से छठें भाव में चंद्रमा, लग्न में शनि और सप्तम में मंगल हो तो सद्य:जात बालक के पिता की मृत्यु हो जाती है।

इस प्रकार के अनेक बालारिष्ट योगों का वर्णन शास्त्र में मिलता है। गुणीजन बालारिष्ट से बचने के लिए चांदी का चंद्रमा, मोती डालकर, प्राण प्रतिष्ठित करके, बालक के गले में पहनाते हैं क्योंकि चंद्र सभी चराचर जीव की माता माना गया है। जिस प्रकार मां सभी अरिष्टों से अपनी संतान की रक्षा करती है उसी प्रकार यह चंद्र भी बालारिष्ट के कुयोगों से जातक की रक्षा करता है।

पित्रोर्दोषैर्मृता: केचित्केचिद् बालग्रहैरपि।
अपरे रिष्ट योगाच्च त्रिविधा बालमृत्यव: ॥

—सर्वार्थ चिंतामणि 10/5

शास्त्रकारों ने यह भी स्पष्ट घोषणा की है कि जन्म से चार वर्षों के भीतर जो बालक मरता है, उसकी मृत्यु माता के कुकर्म व पापों के कारण होती है। चार से आठ वर्ष के भीतर की मृत्यु पिता के कुकर्म व पाप के कारण होती है नौ से 12 वर्ष के भीतर की मृत्यु जातक के स्वयं के पूर्वजन्मकृत पाप के कारण होती है और 8 वर्ष के बाद जातक का स्वतंत्र भाग्योदय माना गया है। इसलिए कई सज्जन बालक की सांगोपांग जन्मपत्रिका 8 वर्ष बाद बनाते हैं।

2. योगारिष्ट— आठ के बाद एवं 20 वर्ष के पहले की मृत्यु को 'योगारिष्ट' कहा जाता है। चूंकि विशेष योग के कारण अरिष्ट (मृत्यु) होती है, अत: इसे योगारिष्ट कहा गया है।

3. अल्पायु योग—शास्त्रज्ञों ने 20 से 32 वर्ष की आयु को 'अल्पायु' कहा है। मोटे तौर पर वृष, तुला, मकर व कुंभ लग्न वाले जातक (यदि अन्य शुभ योग न हों तो) अल्पायु होते हैं।

यदि लग्नेश चर (मेष, कर्क, तुला, मकर) राशि में हो तथा अष्टमेश द्विस्वभाव (मिथुन, कन्या, धनु, मीन) राशि में हो तो अल्पायु का योग समझना चाहिए। लग्नेश पापग्रह के साथ यदि 6, 8 या 12 भाव में हो तो जातक अल्पायु होता है। यदि लग्नेश व अष्टमेश दोनों नीच राशिगत, अस्त या निर्बल हों तो अल्पायु होती है। द्वितीय और द्वादश में पापग्रह हो, केंद्र में पापग्रह हो, लग्नेश निर्बल हो, उन पर शुभ ग्रह की दृष्टि न

हो, तो जातक को अल्पायु समझना चाहिए। इसी प्रकार यदि जन्म लग्नेश सूर्य का शत्रु हो तो जातक अल्पायु होता है।

यदि लग्नेश तथा अष्टमेश दोनों ही स्थिर राशि में हों तो जातक अल्पायु होता है। इसी प्रकार शनि और चंद्रमा दोनों स्थिर राशि में हों अथवा एक चर व दूसरा द्विस्वभाव राशि में हो तो जातक अल्पायु होता है। यदि जन्म लग्न तथा होरा लग्न दोनों ही स्थिर राशि की हों अथवा एक चर व दूसरे द्विस्वभाव राशि की हो तो जातक अल्पायु होता है। यदि चंद्रमा लग्न-द्रेष्काण दोनों ही स्थिर राशि हो तो जातक अल्पायु होता है। यदि चंद्रमा लग्न-द्रेष्काण में एक की चर तथा दूसरे की द्विस्वभाव राशि हो तो भी जातक अल्पायु होता है। शुभ ग्रह तथा लग्नेश यदि आपोक्लिम (3/6/8/12) में हो तो जातक अल्पायु होता है। जिस जातक की अल्पायु हो प्राय: वह विपत्तारा में मृत्यु पाता है।

4. मध्यायु योग—32 के बाद एवं 64 वर्ष की आयु सीमा को 'मध्यायु' के भीतर लिया गया है। यदि लग्नेश सूर्य का सम ग्रह (बुध) हो अर्थात् मिथुन व कन्या लग्न वालों की प्राय: मध्यम आयु होती है। यदि लग्नेश तथा अष्टमेश में से एक चर (मेष, कर्क, तुला, मकर) तथा दूसरा स्थिर (वृष, सिंह, वृश्चिक, कुंभ) राशि में हो तो जातक मध्यायु होता है। यदि लग्नेश व अष्टमेश दोनों ही द्विस्वभाव राशि में हों तो जातक की मध्यम आयु होती है। यदि शनि और चंद्र दोनों ही द्विस्वभाव राशि में हों अथवा एक चर तथा दूसरा स्थिर राशि में हो तो जातक मध्यायु होता है, यदि जन्म लग्न तथा होरा लग्न दोनों ही द्विस्वभाव राशि की हो अथवा एक चर तथा दूसरी स्थिर राशि की हो तो जातक मध्यायु होता है। यदि चंद्रमा तथा द्रेष्काण दोनों की द्विस्वभाव राशि हो तो जातक मध्यायु होता है। यदि चंद्रमा तथा द्रेष्काण में एक की चर राशि तथा दूसरे की स्थिर राशि हो तो जातक मध्यायु होता है। यदि शुभ ग्रह 'पणफर' (2/5/8/11) में हो तो जातक की मध्यम आयु होती है। यदि लग्नेश व अष्टमेश सामान्य स्थानों में हों तो जातक मध्यायु होता है। मध्यायु प्रमाण वाले जातक की मृत्यु प्राय: प्रत्यरि-तारा में होती है।

5. दीर्घायु योग—64 से ऊपर एवं 120 वर्ष के मध्य की आयु ज्योतिष में दीर्घायु व पूर्णायु मानी गई है। यदि जन्म लग्नेश सूर्य का मित्र हो तो जातक दीर्घायु होता है। लग्नेश व अष्टमेश दोनों चर में हो तो जातक दीर्घायु होता है। यदि लग्नेश तथा अष्टमेश में से एक स्थिर तथा दूसरा द्विस्वभाव राशि में हो तो जातक दीर्घायु होता है। यदि शनि और चंद्र दोनों चर राशि में हों अथवा एक स्थिर दूसरा द्विस्वभाव राशि में हो तो जातक दीर्घायु होता है। यदि जन्म लग्न तथा होरा लग्न दोनों ही चर राशि की हो अथवा एक स्थिर व दूसरी द्विस्वभाव राशि की हो तो जातक दीर्घायु होता है। यदि

चंद्रमा तथा द्रेष्काण दोनों की चर राशि हों तो जातक दीर्घायु होता है। यदि शुभ ग्रह तथा लग्नेश केंद्र में हों तो जातक दीर्घायु होता है। लग्नेश केंद्र में गुरु, शुक्र से युत या दृष्ट हो तो भी पूर्णायुकारक योग होता है। लग्नेश, अष्टमेश सहित तीन ग्रह उच्च स्थान में हों तथा आठवां भाव पापग्रह रहित हो तो जातक का पूर्णायु योग होता है। **लग्नेश** पूर्ण बली हो तथा कोई भी तीन ग्रह उच्च, स्वगृही या मित्र राशिस्थ होकर आठवें **भाव** में हों तो जातक की पूर्ण आयु होती है।

6. दिव्यायु—सब शुभ ग्रह केंद्र और त्रिकोण में हों और सब पापग्रह 3/6/11 वें स्थान में हों तथा अष्टम भाव में शुभग्रह की राशि हो तो दिव्य आयु का योग होता है। ऐसा जातक यज्ञ-जप अनुष्ठान, योग व कायाकल्प क्रिया से हजार वर्ष तक जी सकता है।

7. अमित आयु—यदि गुरु गोपुरांश (अपने चतुर्वर्ग) में होकर केंद्र में हो, शुक्र पारावतांश (अपने षड्वर्ग) में हो एवं कर्क लग्न हो तो ऐसा जातक मानव न होकर देवता होता है। उसकी आयु की कोई सीमा नहीं होती व इच्छामृत्यु का कवच पहने होता है।

विशेष—आधुनिक मानदंडों के अनुसार हमने सौ वर्ष से ऊपर की आयु को 'परमायु योग' तथा दिव्यायु और अमित आयु को इस पुस्तक में 'चिरायु योग' के अंतर्गत समाहित कर दिया है।

वार से आयुष्य की गणना

मानसागरी व अन्य प्राचीन जातक ग्रंथों में वारायु की गणना दी गई है। उनके अनुसार **रविवार का जन्म हो** तो जातक 60 वर्ष जिएगा परंतु जन्म से पहला, छठा महीना, 13 वां एवं 22 वें महीने में घात रहेगा। **सोमवार** का जन्म हो तो जातक 84 वर्ष जिएगा परंतु 11 वें मास एवं 16 वें व 27 वें वर्ष में पीड़ा होगी। **मंगलवार** का जन्म हो तो 74 वर्ष जिएगा परंतु जन्म से दूसरे व 22 वें वर्ष में घात संभव है। **बुधवार** को जन्मा जातक 64 वर्ष जीता है किंतु 8 वें मास व आठवें वर्ष में घात रहती है। **गुरुवार** में जन्मा जातक 84 वर्ष जीता है, जन्म से सातवां मास, एवं 13 व 16 वर्ष में कष्ट होता है। **शुक्रवार** का व्यक्ति 60 वर्ष की आयु भोगकर मृत्यु पाता है। **शनिवार** का जन्म हो तो पहला मास व 13 वें वर्ष में कष्ट पाकर जातक सौ वर्ष जीता है।

आयुष्य निर्णय का एक महत्वपूर्ण सूत्र

महर्षि पराशर ने प्रत्येक ग्रह को निश्चित आयु पिंड दिए हैं। यथा सूर्य 18, चंद्र 25, मंगल 15, बुध 12, गुरु 15, शुक्र 21, शनि 20 इसमें राहु-केतु को स्थान नहीं दिया गया है। जन्मकुंडली में जो ग्रह उच्च व स्वगृही हों तो उनको उपरोक्त वर्ष की सीमा

दी जाती है। जो ग्रह नीच के हों तो इससे आधी संख्या देना। सूर्य के पास जो भी ग्रह जाता है अस्त हो जाता है, उस ग्रह की साधित आयु का आधा ह्रास हो जाता है। परंतु शुक्र-शनि की पिंडायु का ह्रास नहीं होता। शत्रुराशि में ग्रह हो तो उसके तृतीयांश का ह्रास हो जाता है। इस प्रकार ग्रहों को आयु संख्या देनी चाहिए।

पिंडायु, वारायु एवं अल्पायु इत्यादि योगों के सम्मिश्रण से आनुपातिक आयु वर्ष का निर्णय करने के पश्चात् दशाक्रम को देखना चाहिए। मारकेश ग्रह की दशा, अंतर्दशा व प्रत्यंतर दशा में जातक का निश्चित मरण होता है। उस समय यदि मारकेश ग्रह की दशा न हो तो मारकेश ग्रह के साथ जो पापी ग्रह है उसकी दशा में जातक की मृत्यु होगी। ध्यान रहे अष्टमेश की दशा में स्वतः उसकी ही अंतर्दशा मारक होती है। व्ययेश की दशा में धनेश मारक होता है तथा धनेश की दशा में व्ययेश मारक का काम करता है। इसी प्रकार षष्ठेश की महादशा में अष्टमस्थ ग्रह की अंतर्दशा मारक होती है। मारकेश के बारे में अलग-अलग लग्नों के सर्वमान्य मानक मानदंड इस प्रकार हैं।

मारकेश विचार

जन्म लग्न से आठवां स्थान 'आयुस्थान' कहा गया है। लघु पाराशरी के अनुसार आठवें स्थान (अर्थात् लग्न से तीसरा भाव) को भी **'आयुस्थान'** माना गया है। आयुस्थान से बारहवें स्थान को 'मारक स्थान' कहते हैं इसी कारण जन्म लग्न से दूसरा और सातवां ये मारक स्थान माने गए हैं। शास्त्रज्ञों ने द्वितीयेश को प्रथम मारकेश तथा सप्तमेश को दूसरा मारकेश कहा है। अष्टम भाव **'मृत्युसंज्ञक'** है। आयु एवं मृत्यु एक-दूसरे से संबंधित होते हैं। आयु का पूरा होना ही मृत्यु है। अतः आयु समाप्त होते ही मृत्यु हो जाती है या मृत्यु होते ही आयु समाप्त हो जाती है। मृत्यु किसी-न-किसी रोग, दुर्घटना या अन्य विकार से होती है। इस प्रकार अष्टमभाव से मृत्युदायक रोग, मृत्यु के कारण और मनुष्य के जीवन की अवधि का विचार किया जाता है। रोगों के साध्य या असाध्य होने में आयु एक महत्त्वपूर्ण कारण है। जब तक आयु है कोई रोग असाध्य नहीं होता किंतु आयु की समाप्ति के आसपास होने वाला साधारण रोग भी असाध्य बन जाता है। इसलिए रोगों के साध्य-असाध्य होने का विचार भी इस भाव से होता है।

द्वादश भाव को 'व्यय' स्थान कहते हैं। व्यय का अर्थ है खर्च करना या हानि होना। चूंकि प्रत्येक रोग शारीरिक शक्ति अथवा जीवन शक्ति की हानि करने वाला होता है इसलिए इस भाव से भी रोगों का विचार किया जाता है। इस स्थान में भी कभी-कभी मृत्यु के कारणों का पता चल जाता है। यह वस्तुतः अचानक दुर्घटना, मृत्यु, व मोक्ष का स्थान है।

मारकेश का नाम लेते ही, मृत्यु का स्मरण करते ही प्रायः लोग घबरा जाते हैं। आचार्यों ने अलग-अलग लग्नों के अलग-अलग मारकेश निश्चित किए हैं। यथा-ज्योतिष शास्त्र में मेष लग्न वाले के लिए शुक्र मारकेश होकर भी उसे मारता नहीं परंतु शनि और शुक्र अरिष्ट फलदायक कहे गए हैं। वृष लग्न के लिए गुरु घातक है। मिथुन लग्न के लिए चंद्रमा मारकेश होकर भी नहीं मारेगा, मंगल-गुरु अशुभ है। कर्क लग्न के लिए सूर्य मारकेश होकर भी मारक नहीं है, पर शुक्र घातक हैं। सिंह लग्न वालों के लिए शनि मारकेश होकर भी नहीं मारेगा पर बुध मारकेश का काम करेगा। कन्या लग्न के लिए सूर्य मारक है पर वह अकेला नहीं मारेगा, मंगल आदि पाप ग्रह मारकेश के सहयोगी बनेंगे। तुला लग्न का मारकेश मंगल है पर अशुभ फल गुरु व रवि ही देंगे। वृश्चिक लग्न को गुरु मारकेश होकर भी नहीं मारेगा जबकि बुध सहायक मारकेश होकर पूर्ण मारकेश का काम करेगा। धनु लग्न का मारक शनि है। पर अशुभ फल शुक्र देगा। मकर लग्न के लिए मंगल ग्रह घातक है। कुंभ लग्न का मारकेश गुरु है पर घातक ग्रह का कार्य मंगल करेगा। मीन लग्न वालों को मंगल न मारकर शनि अदि मारेंगे। ध्यान रहे छठे, आठवें व बारहवें भाव में पड़े राहु, केतु भी मारक ग्रह का कार्य करते हैं।

एक अन्य महत्त्वपूर्ण चिंतन

मारकेश का अर्थ मुख्य रूप से लोग मृत्यु समझते हैं। कई बार मारकेश की दशा में मृत्यु न होने पर लोग ज्योतिष विद्या को संदेह की नजर से देखते हैं। महत्त्वपूर्ण जातक ग्रंथ **'शीघ्रबोध'** के रचनाकार कहते हैं कि मृत्यु का अर्थ शरीर से प्राण निकलना ही नहीं अपितु ज्योतिष शास्त्र में मृत्यु आठ प्रकार मानी गई है, यथा—

व्यथा दुःखं भयं लज्जा, रोग शोकस्तथैव च।
मरणं चापमानं च मृत्युरष्टविधः स्मृतः॥

अर्थात् शरीर में 1. **व्यथा** (निरंतर क्लेश), 2. लगातार शत्रुओं से घिरा रहना, 3. हमेशा (शत्रुओं) से **भयभीत** रहना। 4. हर समय, हर जगह **लज्जित रहना**, 5. अनवरत शोक (रिश्तेदारों, निकट संबंधियों की मृत्यु) से पीड़ित रहना, 6. **शरीर से** प्राण निकलना, 7. भरी सभा में अपमानित होना। ये आठों मृत्यु के ही रूप हैं। अर्थात् मारकेश की **दशा** में इन आठों में से कोई भी घटना-घटित हो सकती है। जरूरी नहीं कि मारकेश शरीर पर ही आवे, धन पर भी मारकेश आता है और व्यक्ति **करोड़पति से** फकीर बन जाता है। इस प्रकार के मारकेश का समावेश दारुण **'व्यथा' में किया** जाएगा। लगातार निष्ठापूर्वक प्रयत्न करने पर भी सफलता न मिलने का अंतर्भाव 'दुःख' में होगा। इसी तरह से मारकेश के भावार्थ को आयु की गति व परिस्थिति के अनुसार समझना व

पकड़ना होगा।

आठवें प्रकार की मृत्यु के बारे में एक रोचक प्रसंग महाभारत में मिलता है। घटना उस समय की है जब जयद्रथ का वध हो चुका है। अर्जुन ने कर्ण को मारने की प्रतिज्ञा की परंतु मार न सका। इसके विपरीत कर्ण ने भार्गवास्त्र के प्रयोग से सभी पांचालों को मार डाला। ऐसे में भीमसेन पर युद्ध का भार सौंपकर अर्जुन श्री कृष्ण को साथ लेकर युधिष्ठिर के शिविर में उनसे मिलने जाते हैं, कर्ण द्वारा नकुल, सहदेव सहित युधिष्ठिर भी पराजित हो चुके हैं तथा घायल अवस्था में शिविर में उपचार करवा रहे हैं, इतने में अर्जुन श्री कृष्ण सहित शिविर में प्रवेश करते हैं। अर्जुन को देखते ही उलाहना देते हुए युधिष्ठिर कहते हैं—'धिक्कार है तुम्हारे इस गांडीव धनुष को, धिक्कार है! तुम्हारी भुजाओं के पराक्रम को, धिक्कार है! तुम्हारे इन असंख्य बाणों को धिक्कार है!! हनुमान जी के द्वारा उपलक्षित तुम्हारी इस ध्वजा को धिक्कार है तथा अग्निदेव के दिए हुए इस रथ को, हे अर्जुन! यदि तुम रणभूमि में विचरते हुए इस राधा पुत्र कर्ण का सामना करने की शक्ति नहीं रखते तो यह गांडीव धनुष दूसरे किसी ऐसे राजा को दे दो, जो अस्त्र बल में तुमसे अधिक वीर हो।

अर्जुन ने पहले से ही मानसिक रूप से प्रतिज्ञा कर रखी थी कि जो मेरे गांडीव धनुष की निंदा करेगा, उसका सिर मैं तत्काल काट डालूंगा। युधिष्ठिर के इतना कहते ही अर्जुन तलवार द्वारा युधिष्ठिर का सिर काटने को उद्यत हो जाते हैं। इस धर्म संकट के उपस्थित होने पर श्रीकृष्ण अर्जुन को समझाते हैं कि तुमने नासमझ बालक की भांति मूर्खतावश प्रतिज्ञा कर रखी है तथा इसी कारण से अधर्म युक्त आचरण कर रहे हो, हे पुरुष सिंह! ऐसा प्रतीत होता है कि तुमने वृद्ध पुरुषों की सेवा नहीं की। प्राणियों की हिंसा न करना ही सबसे बड़ा धर्म है। तुम प्रतिज्ञा की रक्षा को अपना धर्म समझते हो, वह वास्तविक धर्म न होकर अभिमान का ही स्वरूप है।

इस पर अर्जुन कहते हैं हे मधुसूदन! मैं किंकर्त्तव्यमूढ़ होकर पराक्रम शून्य और अचेत-सा हो गया हूं। धर्मपुत्र युधिष्ठिर वध योग्य नहीं हैं और इधर मुझे प्रतिज्ञा का पालन भी करना है। प्रतिज्ञाशून्य होकर मैं जीना नहीं चाहता और भाई का वध करते ही मैं आत्मग्लानि से वैसे ही मर जाऊंगा? इस विषम परिस्थिति में मुझे चारों ओर अंधेरा ही अंधेरा नजर आ रहा है अतः हे सखा! संकट की इस विषम घड़ी में मुझे ज्ञान का प्रकाश दिखावें। इस पर भगवान श्रीकृष्ण बहुत ही महत्त्वपूर्ण सूत्र बतलाते हैं—

यदा मानं लभते माननार्हम्,
तदा स वै जीवति जीव: लोके।
यदावमानं लभते महांतं,
तदा जीवन्मृत इत्युच्यते स:॥

हे अर्जुन ! इस जीव जगत में माननीय पुरुष जब तक सम्मान पाता है, तभी तक वह वास्तव में जीवित है । जब वह महान अपमान पाने लगता है, तब वह जीते जी मरा हुआ कहलाता है । तुमने सदैव युधिष्ठिर का बड़ा भारी सम्मान किया है किंतु इस समय थोड़ा-सा अपमान कर दो । हे पार्थ ! तुम धर्मराज युधिष्ठिर को सदा 'आप' कहते आए हो, आज उन्हें 'तू' कह दो । हे भारत ! यदि किसी गुरुजन को 'तू' कह दिया जाए तो साधु पुरुषों की दृष्टि में उसका वध ही हो जाता है ।

'अवधेन वधः प्रोक्तो यद गुरुस्त्वमिति प्रभुः ।'

यह श्रुति वाक्य है, इसका भाव यह है—'गुरु को 'तू' कह देना, उसे बिना शास्त्र के ही मार डालना है ।' हे पार्थ ! तुम धर्मज्ञ हो, फिर भी मैंने तुम्हें धर्म व नीति का मार्ग दिखलाया है अतः तुम वैसा ही आचरण करो । तुम्हारे द्वारा अनुचित शब्दों के प्रयोग को सुनकर ये धर्मराज अपना वध हुआ ही समझेंगे । इसके बाद तुम इनके चरणों में प्रणाम करके, इन्हें सांत्वना देते हुए, क्षमा मांग लेना और इनके प्रति न्यायोचित वचन बोलो । तुम्हारे ज्येष्ठ भ्राता युधिष्ठिर बुद्धिमानों में श्रेष्ठ हैं । वे तुम्हारे कर्त्तव्य का ध्यान करके, तुम पर क्रोध नहीं करेंगे । इस प्रकार तुम मिथ्या भाषण और भ्रातृ-वध के पाप से मुक्त होकर, बड़े हर्ष व उत्साह के साथ सूत-पुत्र कर्ण का वध करना ।

श्री कृष्ण की बुद्धिरूपी नौका का आश्रय लेकर पांडव संकट के भयानक समुद्र को पार कर गए । इस दृष्टांत से **'शीघ्रबोध'** के इस मारकेश विचार के श्लोक को पूर्ण पुष्टता मिलती है । साथ ही जिज्ञासुओं को नया चिंतन मिलता है । बुद्धिमान ज्योतिषी को फलादेश करते समय देशकाल, परिस्थिति का सम्यक् रूप से ध्यान धरकर ही संयमित व सारगर्भित वाणी का प्रयोग करना चाहिए ।

□

आयुष्य योग पर कुछ प्रामाणिक कुंडलियां

पूर्ण शतायु योग

श्री मोरारजी देसाई— जन्म 29 · 2 · 1896; समय 13 · 20; स्थान-बलसाड (गुजरात)

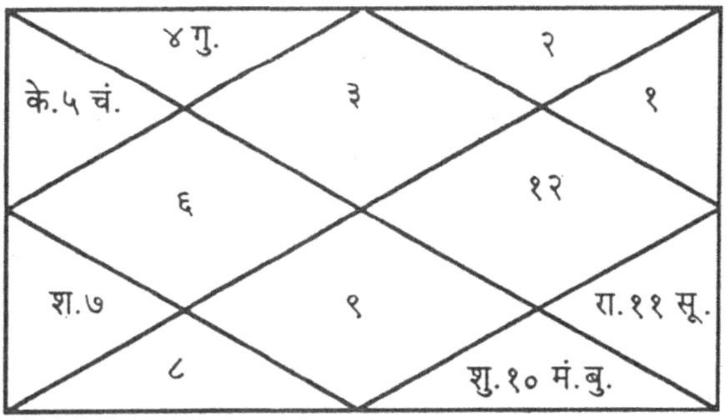

प्रस्तुत कुंडली ज्योतिष प्रेमियों के लिए सर्वाधिक महत्त्वपूर्ण व संग्रहणीय कुंडली है। चारों केंद्र खाली हैं। गुरु, शनि एवं मंगल, तीन ग्रह उच्च के होने से विलक्षण राजयोग बना है। चारों केंद्र खाली होने से एवं तृतीय (पराक्रम) स्थान में पापग्रह होने से जातक प्रधानमंत्री के पद पर पहुंच कर भी स्थाई (कीर्ति) अर्जित नहीं कर सका। जातकतत्त्व अध्याय 8/4 के अनुसार—**'रन्ध्रेशे स्वर्क्षे वा मन्देष्टे दीर्घायुः।'** अष्टमेश स्वराशि का अथवा उच्च का हो तो व्यक्ति दीर्घायु वाला होता है। आगे और भी कहा है कि—**'रन्ध्रशे सुते दीर्घायुः'** शनि यदि अष्टमेश होकर पंचम भाव में स्थित

हो तो ऐसा जातक सौ वर्ष से अधिक (शतायु) को भोगता है। पूर्ण शतायु योग के बारे में पूर्व प्रधानमंत्री श्री मोरारीजी देसाई की यह कुंडली अपने आप में अनुपम उदाहरण है।

परमाचार्य जगद्गुरु चंद्रशेखर सरस्वती— जन्म 20·5·1894; स्वर्गगमन 8·1·94; समय 13·30; स्थान - विल्लूपुरम् (मद्रास)

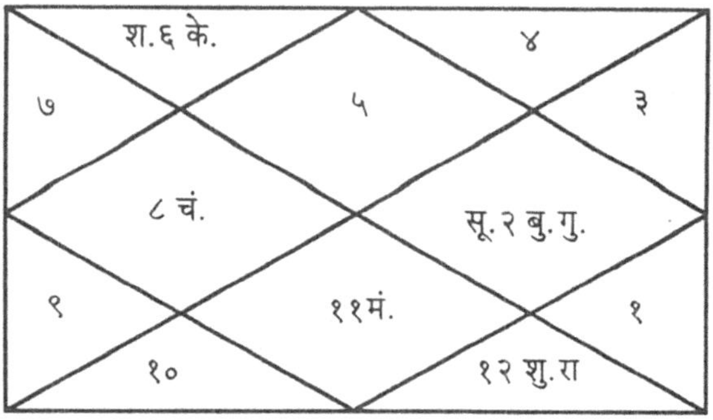

प्रस्तुत जन्म कुंडली कांची कामकोटि के परमाचार्य जगद्गुरु श्री चंद्रशेखर सरस्वती की है। इनका कनकाभिषेक इनके स्वर्गगमन के कुछ दिनों पूर्व हुआ। जहां भारत के राष्ट्रपति, प्रधानमंत्री से लेकर सभी शंकराचार्य आदि उपस्थित थे।

मात्र तेरह वर्ष की आयु में ही संन्यास लेने वाले श्री चंद्रशेखर सरस्वती 14 विदेशी भाषाओं के मूर्धन्य विद्वान् थे। जगद्गुरु कांची कामकोटि की महान् पीठ पर अभिषिक्त होने के बाद भी वे नित्य आठ घंटे तक पूजा-पाठ, हवन-अनुष्ठान में व्यस्त रहते थे तथा सांसारिक कीर्ति-कामना से विमुख थे। इनके दर्शनों के लिए कुटिया के बाहर हमेशा भीड़ लगी रहती थी पर आचार्यश्री ईश्वर आराधना में इतने व्यस्त रहते थे कि लोकेषणा, वित्तेषणा इन्हें छू न सकी। एक बार स्वर्गीय प्रधानमंत्री श्रीमती इंदिरा गांधी एवं एक बार राष्ट्रपति श्री संजीवा रेड्डी को तीन-चार घंटे की लंबी प्रतीक्षा के बाद इनके दर्शनों से वंचित होकर निराश लौटना पड़ा। प्रस्तुत कुंडली में लग्नेश सूर्य दिग्बली होकर केंद्र में हैं। योगकारक एवं वर्गोत्तमी मंगल की दृष्टि सूर्य पर है। सूर्य शुभ ग्रहों से युत है। पंचमेश बृहस्पति केंद्र में हैं। सर्वार्थ चिंतामणि के अनुसार—

जीवेलग्नेश्वरात्केंद्र, केंद्रकोण विवर्जिताः।
पापाः सुखानि सत्वातु जीवेद् वर्षशतं नरः॥ *—12/38*

बृहस्पति केंद्र में हो तथा केंद्र त्रिकोण में कोई पापग्रह न हो तो ऐसा जातक सौ वर्ष तक सुखी, संपन्न, ऐश्वर्यशाली राजयोग को भोगता है। उपरोक्त योग इस कुंडली में शतप्रतिशत घटित होते हैं।

सरदार वल्लभ भाई पटेल—जन्म 30·10·1875; समय 5·25

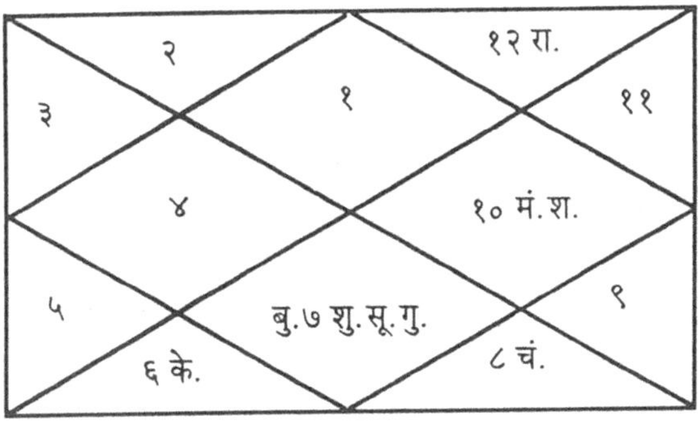

लौहपुरुष सरदार वल्लभभाई पटेल भारत के प्रथम गृहमंत्री थे। लग्नेश मंगल उच्च का दिग्बली होकर स्वगृही शनि के साथ केंद्र में होने से क्रमशः पद्मसिंहासन योग, कचकयोग, शशयोग जैसे उत्तम राजयोग की सृष्टि कर रहा है तथा जातक को दीर्घायु भी प्रदान कर रहा है।

सप्तम भाव में शुभग्रह केंद्रस्थ होकर लग्न को देख रहे हैं। खासकर लग्नेश मंगल भी लग्न को देख रहा है। फलतः जातक को 92 वर्ष तक की दीर्घायु प्राप्त हुई। उत्तम स्वास्थ्य एवं दृढ़ आत्मविश्वास, कठोर सैद्धांतिक व्यक्तित्व को इंगित करने वाली यह कुंडली भी ज्योतिष प्रेमियों के लिए संग्रहणीय है।

शतायु योग के संदर्भ में तीन प्रसिद्ध फिल्म अभिनेताओं की कुंडली भी हमारे व्यक्तिगत संग्रह में से प्रस्तुत कर रहे हैं। दोनों जीवित हैं तथा पिछले 70 वर्षों से फिल्म जगत को अपनी अमूल्य सेवाओं से लाभान्वित करते आ रहे हैं। वैसे हमारा कई फिल्म अभिनेता एवं अभिनेत्रियों से व्यक्तिगत संपर्क है परंतु फिल्म लाइन में सबसे बड़ी दिक्कत यह है कि अपनी सही जन्म तारीख कोई किसी को नहीं बताता। कोई बता भी देता है तो उसे प्रकाशित करने की इजाजत नहीं देता। 6 जनवरी, 93 को प्रसिद्ध हास्य अभिनेता श्री दिनेश हिंगू के साथ मैं प्रसिद्ध अभिनेता श्री राजेंद्रकुमार से उनके स्टूडियो डिंपल में मिला था। श्री दिनेश हिंगू मेरे परममित्र व स्नेही है। राजेंद्रकुमार ने अपनी जन्मकुंडली मुझे बताई, उस पर काफी चर्चा भी हुई परंतु ज्यों ही प्रकाशित करने की बात आई, उन्होंने कुंडली फाड़ दी। बड़ी अजीब बात का पता चला कि फिल्म लाइन में अपनी असली पत्रिका कोई किसी को बताता तक नहीं है। अस्तु दीर्घायु योग के तीन उत्तम उदाहरण प्रस्तुत कर रहा हूं। दादामुनि के नाम से प्रसिद्ध श्री अशोक कुमार की कुंडली में शुक्र केंद्र में है। लग्नेश मंगल वर्गोत्तमी होकर उच्च के चंद्रमा के साथ है, वहीं श्री जयराज जी की कुंडली में गुरु लग्न में, अष्टमेश मंगल सप्तम में, षष्ठेश शनि

सप्तम में दीर्घायु योग की सृष्टि कर रहे हैं। श्री जयराज जी की कुंडली में धनस्थान पर अष्टमेश की दृष्टि है सो धन को लेकर संघर्ष लिखा है, वहीं श्री अशोक कुमार जी की कुंडली में धनस्थान में चंद्र+मंगल से लक्ष्मी योग बना है तथा चंद्रमा उच्च का होने में धनेश पंचम भाव में होने से करोड़पति योग बना फलत: फिल्म जगत में सबसे अधिक धन, ऐश्वर्य, कीर्ति एवं आयु श्री अशोक कुमार के पास है।

श्री अशोक कुमार—जन्म 16·9·1911; समय 20·00; कलकत्ता

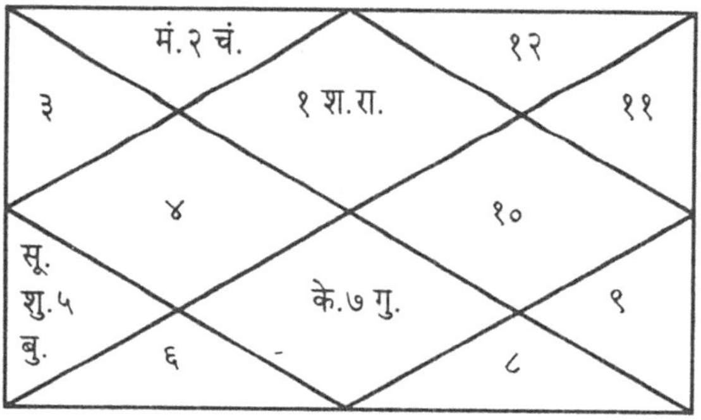

श्री जयराज—जन्म 28·9·1909; समय 6·30; स्थान-करीमनगर (आं० प्र०)

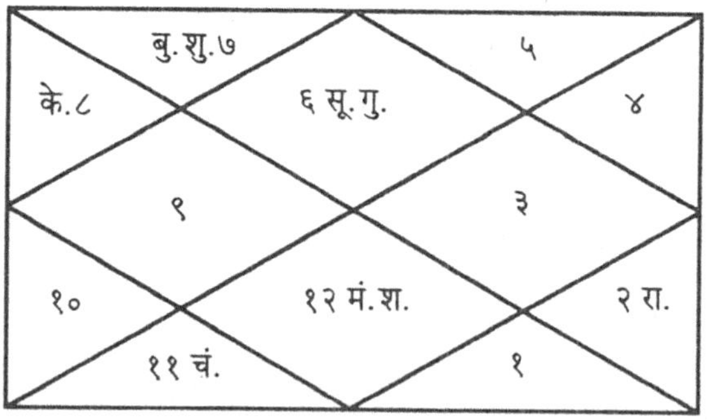

लग्न में स्वगृही गुरु जातक को दीर्घायु प्रदान कर रहा है। गुरु+चंद्र की युति गजकेसरी योग के साथ बनी है पर धनस्थान में शनि नीच का होने से धन को लेकर कुछ संघर्ष रहेगा। फिर भी कठोर संघर्ष के साथ जातक का पूर्ण भाग्योदय 1995 में होगा। जातक का भविष्य उज्ज्वल है।

श्री दिनेश हिंगू—जन्म 6·4·1940; समय 6·05; जन्मस्थान-बड़ौदा (गुजरात)

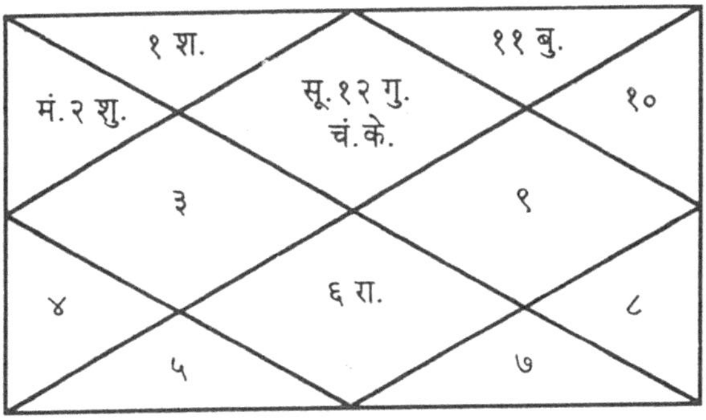

अल्पायु योग के प्रसिद्ध उदाहरण

श्री राजीव गांधी (पूर्व प्रधानमंत्री) का लग्न दो पापग्रहों के मध्य है। लग्न में परस्पर दो शत्रु ग्रहों की युति है। लग्न शनि (पापग्रह) से दृष्ट है। जातकतत्व अध्याय 8 श्लोक 30 व 31 के अनुसार यह स्पष्टत: अल्पायु योग की कुंडली है। इसी प्रकार से चंद्रमा आठवें, शनि सातवें एवं चतुर्थेश मंगल द्वादश में श्री संजय गांधी की कुंडली में वाहन दुर्घटना योग एवं अल्पायु योग की सृष्टि कर रहा है। अंग्रेजी में एक कहावत है-

स्व० श्री राजीव गांधी—जन्म 20·8·1944; समय 7·30; बंबई (महाराष्ट्र) स्वर्गगमन 20·5·91

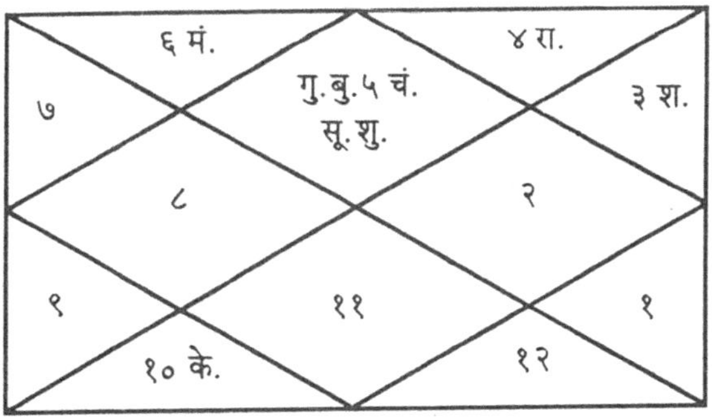

'Astrologer are more wise after event and silent before event.' ऐसा नहीं है हमने एक वर्ष पूर्व दुबई से प्रकाशित 'खलीज टाइम्स' एवं गल्फ न्यूज के एक इंटरव्यू में कहा था कि श्री राजीव गांधी प्रधानमंत्री नहीं बन पाएंगे, इनकी हत्या होगी। यह खबर भारत एवं भारत के बाहर सभी समाचार पत्रों में 29 जुलाई 90 को प्रकाशित हुई थी।

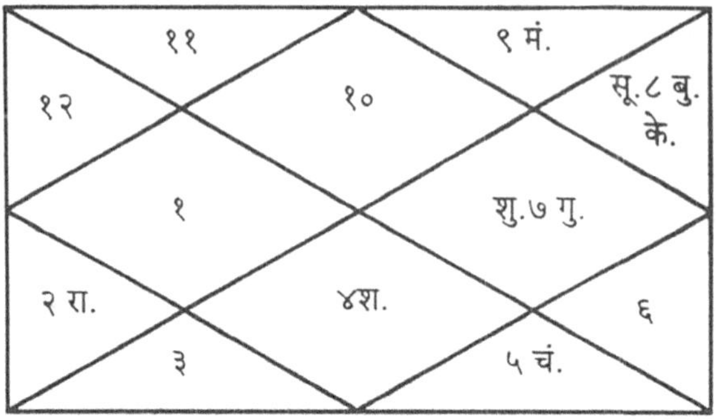

स्व० श्री संजय गांधी—जन्म 14 · 12 · 1946; समय 9 · 27, दिल्ली; स्वर्गगमन 22 · 6 · 1980

इसी प्रकार हमने स्व० श्रीमती इंदिरा गांधी एवं स्व० संजय गांधी की मृत्यु की अग्रिम भविष्यवाणी 'अज्ञातदर्शन' में प्रकाशित की थी। इस संदर्भ में एक रोचक प्रसंग पाकिस्तान के प्रधानमंत्री श्री जुल्फिकार अली भुट्टो की कुंडली का देना आवश्यक समझता हूं। जब फांसी के संदर्भ में उन्हें जेल भेजा गया तो उनका हैंडप्रिंट एवं असली जन्मकुंडली मेरे पास अध्ययन् हेतु आई थी। उस समय दुनिया के 70 राष्ट्रों ने एवं भारत सरकार ने भी उन्हें मृत्युदंड न देकर उम्र कैद जैसी सजा देने की अपील की थी। लोगों का विश्वास था कि भुट्टो को फांसी नहीं होगी। इस पर मैंने मेरा अध्ययन निष्कर्ष निकाल कर अज्ञातदर्शन के वर्ष 2/अंक 4 में प्रकाशित किया कि श्री भुट्टो को हर हालत में फांसी होगी। ज्योतिष प्रेमी पाठकों के हितार्थ उनकी दुर्लभ कुंडली यहां प्रस्तुत कर रहा हूं।

श्री जुल्फिकार अली भुट्टो – जन्म 5 · 1 · 1928; समय 5 · 03 स्थान-लरकाना (पाकि०)

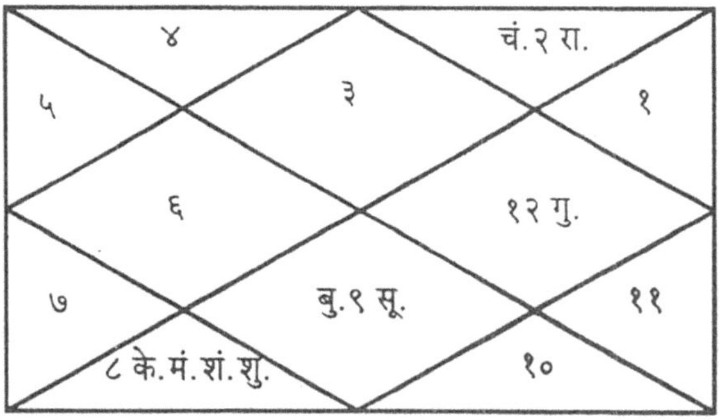

प्रस्तुत रोचक कुंडली कालसर्प योग में बनी है। फलत: श्री भुट्टो ने अपने जीवन में जो संघर्ष किया वह किसी से छिपा नहीं है।

जातकतत्व अध्याय 8/22 के अनुसार—

'सपापे रन्ध्रेशेऽन्त्ये वा अल्पायुः ।'

यदि अष्टमेश पाप ग्रह के साथ छठें हो या द्वादश में हो तो जातक मात्र 32 वर्ष की अल्पायु को भोगता है । श्री भुट्टो की मृत्यु 3.4.79 को रावलपिंडी में फांसी के द्वारा हुई । उस समय इनकी आयु 51 वर्ष थी । श्री भुट्टो की कुंडली में शुभ अशुभ दोनों प्रकार के योग पड़े हैं । केंद्रस्थ स्वगृही बृहस्पति ने दस वर्ष की आयु बढ़ाई तथा लग्नेश बुध लग्न को देख रहा है । इसने भी दस वर्ष आयु बढ़ाई । फलतः श्री भुट्टो की आयुष्य गणना 52 वर्ष की होती है ।

अभिनेत्री स्मिता पाटील—जन्म 17·10·1955 ; समय 6·45 बम्बई

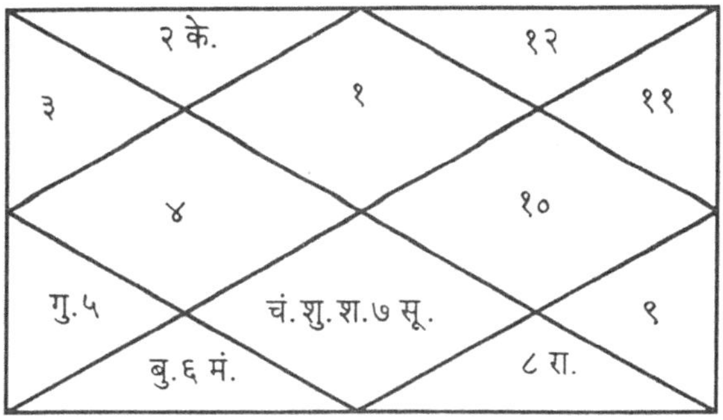

अब मैं मेरे निजी संग्रह में से फिल्म जगत की जानी-मानी प्रसिद्ध अभिनेत्री स्व० स्मिता पाटिल की जन्म कुंडली दे रहा हूं ।

इस कुंडली में सप्तम भाव पापपीड़ित है । पापग्रह दूसरे, छठे, सातवें एवं आठवें हैं । जातक पारिजात के अनुसार—

'सपापे रन्ध्रेशेऽअन्त्ये षष्ठे वा अल्पायु'

यदि अष्टमेश छठे स्थान में हो तो जातक की मात्र 32 वर्ष की अल्पायु ही होती है यह आश्चर्यजनक तथ्य है कि स्मिता जी की मृत्यु मात्र 32 वर्ष की आयु (1986) में ही हुई । इनकी कुंडली में सप्तम भाव बिगड़ा हुआ था फलतः विवाहित एवं तलाकशुदा पति से शादी की, संतान को लेकर कष्ट हुआ तथा प्रसव पीड़ा, ऑपरेशन में ही मृत्यु अल्पायु में हुई । अल्पायु योग का यह अनुपम उदाहरण है । इस प्रकार के अनेक सूक्ष्म तथ्यों का अन्वेषण ज्योतिष प्रेमियों को करना चाहिए ।

शरीर सौख्य योग

(1)

निष्पत्ति — लग्नाधिपति, एवं बृहस्पति या शुक्र को केंद्र में स्थित होना चाहिए।

परिणाम — जातक दीर्घजीवी, धनी और राजनीति में सफल होगा। ऐसे जातक को जीवन भर स्वस्थ शरीर का सुख बना रहेगा।

पुष्टदेह योग

(2)

निष्पत्ति — **जलर्क्षेगे शुभै युते वा दृष्ट देहपुष्टिः।** —*जातकतत्व 3/24*

परिणाम — जन्म राशि का लग्न शुभग्रहों से युक्त अथवा दृष्ट होवे तो पुष्ट देह होता है।

देहपुष्टि योग

(3)

निष्पत्ति — **लग्नगे सबले सत्खेचरे देहपुष्टिः।** —*जातकतत्व 3/26*

परिणाम — लग्न का स्वामी लग्न में बलवान होकर शुभ ग्रह से युक्त होवे तो देह पुष्ट होता है।

(4)

निष्पत्ति —
लग्नेजलर्क्षेशुभखेचरेंद्रै-
र्युक्ते ननु स्थौल्यमुदाहरंति।
लग्नाधिपस्तोयखगोबलाढ्ये:
सौम्यान्वितश्चेत्तनुपुष्टिमाहुः ॥ —*सर्वार्थ चिंतामणि*

परिणाम — लग्न में जलराशि हो, उसमें शुभग्रह हो तो शरीर स्थूल होवे। तथा लग्नेश जलग्रह बलवान हो, शुभग्रह से युक्त हो तो शरीर पुष्ट होता है।

विशेष — यह योग कर्क, वृश्चिक एवं मीन लग्न में ही घटित होगा।

(5)

निष्पत्ति — लग्नेशे चरराशिस्थे शुभग्रहनिरीक्षिते।
कीर्तिश्रीमान् महाभोगी देहपुष्टिसमन्विताः ॥ —*बृहद् पाराशरी*

परिणाम — लग्नस्वामी चरराशि में हो शुभग्रह की दृष्टि हो तो कीर्तिमान, श्रीमान् और महाभोगी रहकर जातक का शरीर पुष्ट रहता है।

पुष्टदेह योग

(6)

निष्पत्ति — राशीशे सांगनाथे देहपुष्टिः। —*जातकतत्व 3/19*

परिणाम — जन्मराशि का स्वामी और लग्न का स्वामी युक्त होवे तो शरीर पुष्ट याने मोटा रहता है।

(7)

निष्पत्ति — तोयर्क्षेगेंशे शुभान्विते वा जलखगदृष्टे देहपुष्टिः।
—*जातकतत्व 3/20*

परिणाम — लग्न का स्वामी जलराशि 4/8/12 में स्थित होवे, शुभग्रह चंद्र, बुध, गुरु, शुक्र से युक्त होवे और जलचर ग्रह से दृष्ट होवे तो शरीर ताजा मोटा होता है।

(8)

निष्पत्ति — शुभर्क्षेगे जलर्क्षेगांशेशे देहपुष्टिः। —*जातकतत्व 3/21*

परिणाम — शुभग्रह की राशि 4/3/6/9/12/2/7 का लग्न होवे और लग्न नवांश का स्वामी जन्म राशि का होवे तो पुष्ट देहवाला होता है।

(9)

निष्पत्ति — लग्ने शुभर्क्षे पापदृग्वर्जिते देहपुष्टिः। —*जातकतत्व 3/22*

परिणाम — शुभ राशि का लग्न हो और पापग्रह दृष्ट न हो तो शरीर पुष्ट होता है।

(10)

निष्पत्ति — लग्ने गुरुयुते वा गुरुदृष्टे देहयुष्टिः। —*जातकतत्व 3/23*

परिणाम — जन्म लग्न में गुरु होवे अथवा लग्न को गुरु देखता होवे तो देह पुष्ट होता है ।

देहपुष्टि योग

(11)

निष्पत्ति — लग्नाधिपे शोभनराशियुक्ते
बलोपयाते तनुपुष्टिमेति । —*जातक पारिजात*

परिणाम — लग्नस्वामी शुभग्रह के राशि में बलवान हो तो शरीर पुष्ट रहता है ।

(12)

निष्पत्ति — लग्नाधिपे तोयखगे बलाढ्ये
सौम्यान्विते तत्तनुपुष्टिमाहुः । —*जातक पारिजात*

परिणाम — लग्न का स्वामी जलराशि में बलवान शुभग्रह के साथ हो तो शरीर पुष्ट रहता है ।

(13)

निष्पत्ति — यदि लग्नाधिपति चर राशि में हो और उस पर शुभ ग्रह की दृष्टि हो तो यह योग बनता है ।

परिणाम — जातक सुखी होगा, उसका शरीर उचित ढंग से विकसित होगा वह धनी होगा और जीवन का आनंद उठाएगा ।

देहस्थौल्य योग

(14)

निष्पत्ति — लग्नाधिपति और जिस ग्रह के नवांश में लग्नाधिपति स्थित है, उसे जलीय राशियों में स्थित होना चाहिए ।

परिणाम — ऐसा जातक स्थूल देह वाला होता है । बली शरीर धारण करना अनियंत्रित और स्थूलकाय शरीर से भिन्न है । देहस्थौल्य का अर्थ शरीर का हृष्ट पुष्ट होना है और इसका तात्पर्य सुसज्जित और मजबूत शरीर से नहीं है ।

(15)

निष्पत्ति — लग्न भाव में बृहस्पति का स्थित होना आवश्यक है या लग्न भाव पर जलीय राशि से बृहस्पति की दृष्टि होनी चाहिए।

परिणाम — बली शरीर धारण करना अनियंत्रित और स्थूलकाय शरीर से भिन्न है। देहस्थौल्य का अर्थ शरीर का हृष्ट पुष्ट होना है और इसका अर्थ सुसज्जित और मजबूत शरीर से नहीं है।

(16)

निष्पत्ति — लग्न भाव में जलीय राशि होनी चाहिए और लग्न को शुभ ग्रहों से युक्त होना चाहिए या लग्नाधिपति अवश्य ही जलीय ग्रह होना चाहिए।

परिणाम — बली शरीर धारण करना अनियंत्रित और स्थूलकाय शरीर से भिन्न है। देहस्थौल्य का अर्थ शरीर का हृष्ट पुष्ट होना है इसका अर्थ सुसज्जित और मजबूत शरीर से नहीं है।

अति स्थूल शरीर योग

(17)

निष्पत्ति — **सौम्यान्विते शोभनखेचरेंद्रै-**
दृष्टेकत्वतिस्थौल्यमुदाहरंति। *—सर्वार्थ चिंतामणि*

परिणाम — लग्न में शुभ ग्रह हो और शुभग्रह की दृष्टि भी हो तो शरीर अतिस्थूल रहता है।

उपाय — लग्नेश के शुभ ग्रह का रत्न धारण करें और व्यायाम करें।

शरीर स्थूल योग

(18)

निष्पत्ति — **पापग्रहाणां च दृशाविहीने**
लग्ने शुभक्षेत्रगते ऽपि चैवम्। *—सर्वार्थ चिंतामणि*

परिणाम — लग्न में शुभग्रहराशि हो उस पर पापग्रह की दृष्टि न हो तो शरीर पुष्ट रहता है।

उपाय — लग्न की राशि के स्वामी के शत्रुग्रह का नगीना धारण करें।

(19)

निष्पत्ति — **लग्ने गुरौ तेन निरीक्षिते वा**
जलर्क्षगेणापि जलेविलग्ने। *सर्वार्थ चिंतामणि*

परिणाम — लग्न में बृहस्पति हो अथवा लग्न पर बृहस्पति की दृष्टि हो तो शरीर स्थूल रहता है।

सुमुख योग

(20)

निष्पत्ति — यदि दूसरे भाव का अधिपति केंद्र में स्थित हो और शुभ ग्रहों से दृष्ट हो या दूसरे भाव में शुभग्रह स्थित हों तो यह योग बनता है।

परिणाम — जातक का चेहरा आकर्षक और हंसमुख होगा।

(21)

निष्पत्ति — यदि दूसरे भाव का अधिपति केंद्र में स्थित हो, जो उसकी उच्च राशि हो, स्वराशि हो या मित्र राशि हो और केंद्राधिपति गोपुरांश में हो तो यह योग बनता है।

परिणाम — जातक का चेहरा आकर्षक और हँसमुख होगा।

दीर्घ देह योग

(22)

निष्पत्ति — **बुधात्सप्तमें भौमे दीर्घदेहः।** *—जातकतत्व 3/30*

परिणाम — बुध से सप्तम स्थान में मंगल हो तो दीर्घ देह होता है।

(23)

निष्पत्ति — **लग्नपे दीर्घभे दीर्घः।** *—जातकतत्व 3/31*

परिणाम — लग्नस्वामी दीर्घ राशि में 5/6/7/8 में हो तो जातक दीर्घ देह होता है।

वामन योग

(24)

निष्पत्ति — **सिंहेऽर्काच्छौखे मृगे चंद्रे वामनः** *—जातकतत्व 3/34*

परिणाम — सूर्य, शुक्र सिंह राशि में होवे और दशम स्थान में मकर राशि का चंद्रमा होवे तो मनुष्य छोटे कद का होता है ।

उपाय— 1. रविवार का उपवास करें ।
2. सूर्ययंत्र पहनें ।
3. नित्य ताड़ासन करें ।

(25)

निष्पत्ति — **आयंत्येशे चंद्रे मंददृष्टे सौम्यादृष्टे वामनः ॥** *—जातकतत्व 3/36*

परिणाम — लग्न तथा व्ययस्थान का स्वामी चंद्रमा शनि से दृष्ट होवे और शुभ ग्रहों से अदृष्ट होवे तो आदमी छोटे कद का होता है ।

उपाय— 1. सोमवार का उपवास करें ।
2. चंद्रयंत्र पहनें ।
3. नित्य ताड़ासन करें ।

(26)

निष्पत्ति — **लग्नेशेल्पर्क्षे लग्नदर्शिनि वामनः ॥** *—जातकतत्व 3/35*

परिणाम — लग्न का स्वामी ह्रस्व राशि में होवे अथवा लग्न को देखता होवे तो मनुष्य छोटे कद का होता है ।

उपाय— 1. नित्य ताडासन एवं व्यायाम करें ।

(27)

निष्पत्ति — **पृष्टोदयगे चंद्रे तुर्ये शनिदृष्टे चाजेगेशे वामनः ॥** *—जातकतत्व 3/33*

परिणाम — पृष्टोदय राशि 1/2/4/9/10 का चंद्रमा चौथे स्थान में शनि से दृष्ट होवे और लग्न स्वामी मेष राशि का होवे तो मानव वामन (छोटे कद का) होता है ।

उपाय— 1. सोमवार का उपवास करें ।
2. चंद्रयंत्र पहनें ।
3. नित्य ताड़ासन एवं व्यायाम करें ।

(28)

निष्पत्ति — **लग्ने प्रांते वा दिनेशे निशेष।**
दृष्टे भास्वत्सूनुना तुर्यदृष्टया।
सौम्या दृष्टे वामनत्वं नराणां
लग्नाधीशे मेष राशिगतेत्र॥ —*ज्योतिष शास्त्र संग्रह*

परिणाम — लग्न अथवा बारहवें स्थान में सूर्य और चंद्रमा स्थित होवे, शनिश्चर चतुर्थ दृष्ट से देखता होवे, शुभ ग्रह की दृष्टि न होवे, जन्म लग्न का स्वामी मेष राशि में होवे, तो आदमी छोटे कद का होता है।

उपाय—
1. सोमवार का उपवास करें।
2. चंद्रयंत्र धारण करें।
3. नित्य ताड़ासन एवं व्यायाम करें।

(29)

निष्पत्ति — **सौरशशांकदिवाकरदृष्टे वामनको मकरांत्यविलग्ने॥**

—*जातक पारिजात*

परिणाम — मकर राशि के अंत्य नवांश का लग्न हो और शनि, चंद्रमा, सूर्य की दृष्टि हो तो मनुष्य छोटे कद का होता है।

उपाय—
1. सोमवार का उपवास करें।
2. चंद्रयंत्र धारण करें।
3. नित्य ताड़ासन करें।

(30)

निष्पत्ति — **लग्ने शनौ सोमसुते स्वगेहे शौर्य चतुर्थे सबुधेऽपि-हस्वः॥**

सर्वार्थ चिंतामणि

परिणाम — लग्न में शनिश्चर, बुध उच्च का होवे अथवा चौथे स्थान में शनिश्चर बुध होवे तो मानव छोटे कद का होता है।

उपाय—
1. शनिवार का उपवास रखें।
2. शनियंत्र धारण करें।
3. नित्य ताड़ासन एवं व्यायाम करें।

(31)

निष्पत्ति— **मेषे मीने कुलीरेतदनुजमकरे वृश्चिके मंदचंद्रौ।**
स्यातां क्रूरान्वितौ चेन्नवमभवनगौ मानवः स्याच्च खंजः ॥

—बृहद् योग रत्नाकर पृ० 39

परिणाम — मेष, मीन कर्क, मकर और वृश्चिक इस राशि में शनि और चंद्रमा पाप ग्रह से युक्त नवम स्थान में हों तो मनुष्य छोटे कद का होता है ।

उपाय—
1. शनिवार का उपवास करें ।
2. शनियंत्र धारण करें ।
3. नित्य ताड़ासन एवं व्यायाम करें ।

(32)

निष्पत्ति — **स्वः कुजे निजगृहे सुखविक्रमस्थे।**
चंद्रात्मजे रविसुते यदि लग्नगे स्यात् ॥ *—जातक पारिजात*

परिणाम — स्वराशि का मंगल, बुध तीसरे या चौथे स्थान में हो और शनिश्चर लग्न में हो तो आदमी छोटे कद का होता है ।

उपाय—
1. शनिवार का उपवास करें ।
2. शनियंत्र धारण करें ।
3. नित्य ताड़ासन एवं अन्य व्यायाम करें ।

कुब्ज (कुबड़ा) योग

(33)

निष्पत्ति — **कुब्ज स्वर्क्षे शशिनि तनुगे मंदमाहेय दृष्टे ॥** *—जातकतत्व*

परिणाम — कर्क राशि का चंद्रमा लग्न में हो चंद्रमा पर शनि, मंगल देखते हों तो मनुष्य छोटे कद का कुबड़ा होता है ।

उपाय—
1. सोमवार को व्रत रखें ।
2. मोतीयुक्त चंद्रयंत्र धारण करें ।
3. नित्य शिवजी पर दुग्ध मिश्रित जल चढ़ावें ।
4. आसन-व्यायाम या आपरेशन करावें ।

(34)

निष्पत्ति — आयांतेशे ब्जे तृतीये खलेन
दृष्टे भूमिसंथमंदो परिस्थे।
लग्नाधिशेथाल्पचक्रालयस्थे
धात्रीपुत्रे मानवः स्यात्स कुब्जः ॥ —*ज्योतिष शास्त्र संग्रह*

परिणाम — लग्न और बारहवें स्थान का स्वामी तीसरे स्थान में पापग्रह से दृष्ट हो किंवा चौथे स्थान में शनिश्चर हो और लग्न का स्वामी तथा मंगल अल्प चक्रालय में हो तो कुबड़ा होता है।

उपाय— 1. लग्नेश का रत्न यंत्रसहित धारण करें।
2. लग्नराशीश स्वामी का व्रत करें।

कुब्ज योग

(35)

निष्पत्ति — षष्टसप्ताष्टनाथाश्च विवियां नष्टतांगताः।
षष्टे सौम्यामदे क्रूरा मृतौक्रूरादि कुब्जकः ॥ —*होरारत्न*

परिणाम — छठे, सातवें, आठवें स्थान के स्वामी हीन बली अगर अस्तगत हो अथवा छठे स्थान में शुभग्रह और सातवें या आठवें स्थान में पापग्रह हो तो मनुष्य छोटे कद वाला होता है।

उपाय — हीन बली ग्रह का रत्न धारण करें।

(36)

निष्पत्ति — षष्टस्थिताश्चंद्रजजीवशुक्राः
निशाकराव्यस्तगताश्च सर्वे।
सप्ताष्टसंस्था शनि भौमयाता
नीचास्थिताः कुब्जक एव जंतुः ॥ —*होरा रत्न*

परिणाम — छठे स्थान में बुध, बृहस्पति तथा शुक्र हो और चंद्रमा के पीछे सब ग्रह हों अथवा सातवें तथा आठवें स्थान में शनि, मंगल नीच राशि में हो तो जातक कुबड़ा होता है।

विशेष — यह योग कन्या, तुला, धनु एवं मकर लग्न पर लागू होता है।

उपाय — लग्नेश का यन्त्र पहने व व्रत करें।

(37)

निष्पत्ति — **तुमर्गे शे वक्रभेल्याशे कुब्जः ।।** *—जातकतत्व 3/320*

परिणाम — मेष तथा वृश्चिक राशि का स्वामी चौथे स्थान में वृश्चिक नवांश में होवे तो कुबड़ा होता है।

विशेष — यह योग मेष या वृश्चिक लग्न में ही घटित होता है।

उपाय — लग्नेश का यंत्र धारण करें व व्रत करें।

शूर योग

(38)

निष्पत्ति — **रात्रौ बल्यारेंगे खे वा शूरः ।** *—जातकतत्व 3/76*

परिणाम — बलवान मंगल लग्न में अथवा दशम स्थान में जावे और रात्रि समय का जन्म होवे तो शूरवीर होता है।

(39)

निष्पत्ति — **भौमस्ते बलवान् शूरश्च ।** *—जातकतत्व 3/77*

परिणाम — सातवें स्थान में बलवान मंगल होवे तो शूर होता है।

क्रोधी योग

(40)

निष्पत्ति — **लग्ने भौमे क्रोधी ।** *—जातकतत्व 3/84*

परिणाम — लग्न में मंगल हो तो क्रोधी होता है।

उपाय—
1. उत्तेजक मसालेदार भोजन न करें।
2. सप्ताह में दो उपवास रखें।
3. मोतीयुक्त चंद्रमा, चांदी की चेन में धारण करें।

(41)

निष्पत्ति — **घूने बलवति भौमे क्रोधी ।** *—जातकतत्व 3/85*

परिणाम — सातवें स्थान में बलवान मंगल हो तो क्रोधी होता है।

उपाय—
1. उत्तेजक मसालेदार भोजन न करें।

2. सप्ताह में दो उपवास रखें ।
3. मोतीयुक्त चंद्रमा, चांदी की चैन में धारण करें ।

(42)

निष्पत्ति — **दिवा बल्यारे सेंगे क्रोधी ।** —*जातकतत्व 3/82*

परिणाम — दिन का जन्म होवे और बलवान मंगल दशम में तथा लग्न में होवे तो क्रोधी होता है ।

उपाय—
1. उत्तेजक मसालेदार भोजन न करें ।
2. सप्ताह में दो उपवास रखें ।
3. मोतीयुक्त चंद्रमा, चांदी की चेन में धारण करें ।

(43)

निष्पत्ति — **त्रिकोणेल्पवीर्ये राशि क्रोधी ।** —*जातकतत्व 3/86*

परिणाम — जन्म लग्न का स्वामी निर्बली होवे, त्रिकोण 9/5 स्थान में होवे तो क्रोधी होता है ।

उपाय—
1. उत्तेजक मसालेदार भोजन न करें ।
2. सप्ताह में दो उपवास रखें ।
3. मोतीयुक्त चंद्रमा, चांदी की चेन में धारण करें ।

(44)

निष्पत्ति — **लग्ने अस्ते वा निर्बलारे शनिदृष्टे क्रोधी ।** — *जातकतत्व 3/83*

परिणाम — लग्न में अथवा सातवें स्थान में निर्बली मंगल को शनि देखता हो तो क्रोधी होता है ।

उपाय—
1. उत्तेजक मसालेदार भोजन न करें ।
2. सप्ताह में दो उपवास रखें ।
3. मोतीयुक्त चंद्रमा, चांदी की चेन में धारण करें ।

(45)

निष्पत्ति — **अंत्याष्टमेंगेशे क्रोधी ।** —*जातकतत्व 3/87*

परिणाम — लग्न का स्वामी बारहवें तथा आठवें स्थान जावे तो क्रोधी योग होता है ।

उपाय— 1. उत्तेजक मसालेदार भोजन न करें।
2. सप्ताह में दो उपवास रखें।
3. मोतीयुक्त चंद्रमा, चांदी की चैन में धारण करें।

(46)

निष्पत्ति — **धनेशे गुलिकान्विते क्रोधी।** *—जातकतत्व*
परिणाम — धन स्थान का स्वामी गुलिक से युक्त हो तो क्रोधी होता है।
उपाय— 1. उत्तेजक मसालेदार भोजन न करें।
2. सप्ताह में दो उपवास रखें।
3. मोतीयुक्त चंद्रमा, चांदी की चेन में धारण करें।

द्रोही योग

(47)

निष्पत्ति — **लग्नेशे ज्ञे षष्ठे द्रोही।** *—जातकतत्व 3/98*
परिणाम — लग्न का स्वामी बुध छठे स्थान में होवे तो द्रोही होता है।
उपाय — लग्नेश को बलवान करें।

(48)

निष्पत्ति — **लग्नेशे निर्बले द्रोही।** *—जातकतत्व 3/100*
परिणाम — लग्न का स्वामी निर्बल होवे तो द्रोही होता है।
उपाय — लग्नेश को बलवान करने का उपाय करें।

गुरुद्रोही योग

(49)

निष्पत्ति — **राव्हर्कजौ धर्मेशाद्गुरुद्रोही।** *—जातकतत्व 3/99*
परिणाम — कारकांश लग्न में नवम स्थान में राहु, शनि होवे तो गुरुद्रोही होता है।
उपाय — राहु व शनि की शांति करावें।

द्रोही योग

(50)

निष्पत्ति — **सोत्थे भौमे ज्ञचंद्रदृष्टे द्रोही।** —*जातकतत्व 3/97*

परिणाम — तीसरे स्थान में मंगल होवे और उसको चंद्रमा और बुध देखते हों तो द्रोही होता है।

उपाय — मंगल, बुध व चंद्रमा की शांति करावें।

अविश्वासी योग

(51)

निष्पत्ति — **अंशाद्धर्मेजीवार्कोवविश्वासी।** —*जातकतत्व*

परिणाम — कारकांश लग्न से नवम स्थान में बृहस्पति और सूर्य होवे तो अविश्वासी होता है।

उपाय — बृहस्पति व सूर्य का संयुक्त रत्न धारण करने में जातक का अविश्वास नष्ट होता है।

कलहप्रिय योग

(52)

निष्पत्ति — **केतुयुते सौत्ये कलहप्रियः।** —*जातकतत्व 3/89*

परिणाम — तीसरे स्थान में केतु हो तो कलह प्रिय होता है

उपाय — लहसुनिया पहनें केतू की शांति करावे।

क्षमावान योग

(53)

निष्पत्ति — **तुर्येशेंगे वा लग्नेश तुर्ये क्षमावान्।** —*जातकतत्व 3/91*

परिणाम — चौथे स्थान का स्वामी लग्न में अथवा लग्न का स्वामी चौथे स्थान में होवे हो व्यक्ति क्षमावान होता है।

विशेष — क्षमावान एक सर्वश्रेष्ठ गुण है। जो क्षमावान होता है वह धैर्यशाली व शांत स्वभाव का भी होता है।

(54)

निष्पत्ति — **सबले तुर्ये क्षमावान्।** —*जातकतत्व 3/92*

परिणाम — चौथा स्थान बलवान होवे तो व्यक्ति क्षमावान होता है ।

विशेष — क्षमाशील होना सर्वश्रेष्ठ मानवीय गुण है । जो क्षमावान होता है वह धैर्यशाली, शांत एव विनम्र भी होता है ।

(55)

निष्पत्ति — **शुभे तुर्ये क्षमावान्।** —*जातकतत्व 3/93*

परिणाम — शुभ ग्रह चौथे स्थान में स्थित हो तो व्यक्ति क्षमावान होता है ।

विशेष — क्षमाशील होना सर्वश्रेष्ठ मानवीय गुण है । जो क्षमावान होता है वह धैर्यशाली, शांत एवं विनम्र भी होता है ।

(56)

निष्पत्ति — **कर्कालि झषेर्के भौमदृष्टे क्षमावान्।** —*3/90*

परिणाम — कर्क, वृश्चिक, मीन राशि में गया हुआ सूर्य को मंगल देखता हो तो व्यक्ति क्षमावान होता है ।

विशेष — क्षमाशील होना सर्वश्रेष्ठ मानवीय गुण है । जो क्षमावान होता है, वह धैर्यशाली, शांत एवं विनम्र भी होता है ।

(57)

निष्पत्ति —
निःशब्द भे र्के कुजदृष्टियोगे
खेचारसूर्यार्किषु चंद्र दृक्षु।
विलग्नपुत्रांबरलाभसादे
सूर्येदुदृष्टे द्युनिशं क्षमावान्॥

परिणाम— 1. कर्क, वृश्चिक और मीन ये निःशब्द राशि में सूर्य को मंगल देखता हो तो जातक क्षमावान होता है ।

2. शनिश्चर, मंगल, सूर्य ऊपर के राशि में स्थित होकर चंद्रमा देखता हो तो क्षमावान होता है ।

3. लग्न, पंचम, दशम, एकादश स्थान में पुत्र सहम हो और सूर्य चंद्रमा देखते हों तो क्षमावान होता है ।

विशेष — क्षमाशील होना सर्वश्रेष्ठ मानवीय गुण है । जो क्षमावान होता है, वह धैर्यशाली शांत एवं विनम्र भी होता है ।

हंसमुख योग

(58)

निष्पत्ति — **ज्ञेंगेचास्ते जीवे हास्यासक्तः ।** *—जातकतत्व*

परिणाम — लग्न में बुध और सातवें स्थान में बृहस्पति होवे तो व्यक्ति हास्यासक्त होता है ।

(59)

निष्पत्ति — **ज्ञांशेंगे हास्यासक्तः ।** *—जातकतत्व*

परिणाम — बुध की राशि 3/6 का नवांश लग्न में होवे तो व्यक्ति हास्यासक्त होता है ।

(60)

निष्पत्ति — **शनिगृहे ज्ञारौ हास्यासक्तः ।** *—जातकतत्व*

परिणाम — बुध, मंगल का योग मकर अथवा कुंभ राशि में हो तो व्यक्ति हास्यासक्त होता है ।

(61)

निष्पत्ति — **चंद्रार्कौ मीनस्थौ प्रहसिंतमुखः ।** *—जातकतत्व 3/289*

परिणाम — मीन राशि में चंद्रमा और सूर्य हो तो व्यक्ति प्रहसितमुख होता है । अर्थात् हंसमुख होता है ।

(62)

निष्पत्ति — **धनेशे स्वोच्चगे केंद्रे प्रहसितमुखः ।** *—जातकतत्व 3/290*

परिणाम — धन स्थान का स्वामी स्वराशि का या उच्च राशि का केंद्र में होवे तो व्यक्ति प्रहसितमुख होता है । अर्थात् हंसमुख होता है ।

चिरंजीवी योग

शास्त्रों में वर्णित दिव्यायु और अमित आयु का जमाना अब रहा नहीं। हालांकि पुराणों में हमें दस हजार वर्ष की आयु के प्रमाण मिलते हैं। इतिहास साक्षी है कि महाभारत काल एवं रामायण काल में हजारों वर्षों का अंतराल रहा। त्रेतायुग में राम हुए एवं द्वापरयुग में कृष्ण परंतु हनुमान दोनों युगों में विद्यमान थे। द्वापरयुग में भीम से युद्ध किया, अर्जुन के रथ पर सवार हुए तथा त्रेतायुग में भगवान राम की सेना के प्रमुख योद्धा के रूप में मेघनाद व रावण से युद्ध किया। इसी प्रकार त्रेतायुग में जाम्बवंत भगवान राम की सेना में रीछों के सेना के सेनापति थे, और लंका पर चढ़ाई की उसी जाम्बवंत ने द्वापरयुग में श्रीकृष्ण से युद्ध किया तथा अपनी पुत्री जाम्बवती का विवाह श्री कृष्ण से कराया।

हमारे शास्त्रों में प्रात: स्मरण के समय एक श्लोक पढ़ा जाता है जिसमें सात चिरंजीवियों के नामों का स्मरण किया जाता है।

अश्वत्थामा बलिर्व्यासो हनूमांश्च विभीषणः।
कृपन परशुरामश्च सप्तैते चिरजीवितः॥

—प्रार्थना प्रीति, श्लोक 8/ पृ० 24

गुरु द्रोणाचार्य के पुत्र अश्वत्थामा, दानवीर राजा बलि, पुराणों एवं महाभारत के रचयिता महर्षि वेदव्यास, भगवान राम के सेवक वीरवर हनुमान तथा लंकेश विभीषण, कृपाचार्य एवं भगवान् परशुराम ये सातों चिरंजीव कहलाते हैं। ऐसी लोकमान्यता है

कि ये सातों किसी भी युग में, किसी भी रूप में, कभी भी, कहीं भी प्रकट हो जाते हैं। लोगों ने इनके दर्शन किए है अतः ये चिरंजीवी हैं। यदि अन्य दृष्टिकोण से सोचें तो सैकड़ों शताब्दियों के बीत जाने पर भी ये अपने यशरूपी शरीर से आज भी जीवित हैं। अतः चिरंजीवी योग का आधुनिक अर्थ हमें कुछ इस प्रकार का ही लेना पड़ेगा। ज्ञानी लोग कहते हैं कि इस संसार में उसी की मृत्यु सार्थक है जो मरकर भी यशस्वी शरीर से जीवित है। अतः चिरंजीवी योग का सही तात्पर्य उस दीर्घजीवी यशस्वी मनुष्य से है, जो ईश्वर की सेवा में समर्पित हुआ एवं मरणोपरांत भी युगों-युगों तक जिसका स्मरण किया जाता है, वही वास्तव में चिरंजीवी है।

चिरंजीवी योग

(63)

निष्पत्ति — सिंहे विलग्ने सगुरौ भृगौ तु कुलीरगे सौमसुते धनस्थे।
पापग्रहैः षट्त्रिदशायगैश्च सहस्त्रवर्ष समुपैति जातः॥

—सर्वार्थ चिंतामणि 12/54

परिणाम — सिंह लग्न में बृहस्पति हो, शुक्र कर्क का, चंद्रमा द्वितीय स्थान में कन्या राशि का और पापग्रह तीसरे, छठें एवं ग्यारहवें स्थान पर हो तो ऐसा व्यक्ति चिरंजीवी होता है।

(64)

निष्पत्ति — दिनेशभौमौ हिबुके विलग्ने मंदान्विते भोगिपतौ व्ययस्थे।
शेषग्रहैर्मृत्युगृहापपन्नैः सहस्त्रवर्षद्वयमत्र जातः॥

—सर्वार्थ चिंतामणि 12/55

परिणाम — शनि लग्न में हो, सूर्य और मंगल द्वादश भाव में, तथा बचे हुए सभी ग्रह यदि आठवें स्थान में हों तो व्यक्ति चिरंजीवी होता है।

(65)

निष्पत्ति — अजे विलग्ने च रवौ सुखस्थे माने यमे भूमिसुते कलत्रे।
रिष्फे शशांके परिपूर्णवीर्ये रसायनाद्यैर्द्विसहस्त्रमायुः॥

—सर्वार्थ चिंतामणि 12/56

परिणाम — मेष लग्न में कर्क का सूर्य चौथे, शनि मीन का बारहवें, मंगल सातवें,

एवं पूर्ण बली चंद्रमा यदि बारहवें स्थान में हो तो व्यक्ति चिरंजीवी होता है।

(66)

निष्पत्ति— **वृषे शशांके तनुगे विशेषात्समन्विते सौम्यसुरासुरेज्यैः।**
जातस्तु देवेन्द्र पदं प्रयाति शेष ग्रहैरर्थ समन्वितैर्वा॥

—सर्वार्थ चिंतामणि 12/57

परिणाम — वृष लग्न में चंद्रमा, बुध शुक्र एवं गुरु के साथ लग्न में हो और बचे हुए सभी ग्रह द्वितीय भाव में हों तो जातक इंद्र के समान चिरंजीवी एवं यशस्वी होता है।

(67)

निष्पत्ति — **जीवे विलग्ने स्वगृहं प्रसन्ने शून्ये नृयुग्मे भृगुजे च केन्द्रे।**
रसायनाद्यैर्बहुवर्षजीवी जातस्तु देवेन्द्रपदं प्रयाति॥

—सर्वार्थ चिंतामणि 12/58

परिणाम — यदि स्वगृही बृहस्पति लग्न में या दसवें हो, शुक्र मिथुन का केंद्र में हो, तो ऐसा व्यक्ति चिरंजीवी होता है।

(68)

निष्पत्ति — **एकर्क्षगैर्व्योमचरैरशेषैः त्रिकोणगैः केंद्रचतुष्टयस्थैः।**
जातः शिशुर्नश्यति जातमात्रो जीवेद्युगांतं यदि मंत्रसिद्धया॥

—सर्वार्थ चिंतामणि 12/59

परिणाम — यदि सवों की ग्रह एक ही राशि में बैठकर केंद्र या त्रिकोणवर्ती हो तो ऐसा बालक पैदा होते ही मर जाता है। यदि मंत्र-औषध बल से जीता है तो चिरंजीवी होता है।

(69)

निष्पत्ति — **त्रिकोणे पापनिर्मुक्ते केंद्रे सौम्यविवर्जिते।**
निधने [illegible] जातस्त्वमरसन्निभः॥

—सर्वार्थ चिंतामणि 12/60

परिणाम — यदि पंचम एवं नवम में कोई पापग्रह न हो, तथा केंद्र (1,4,7,10) में कोई भी सौम्य ग्रह न हो तथा अष्टम स्थान में भी कोई पापग्रह न हो तो ऐसा जातक चिरंजीवी होता है।

(70)

निष्पत्ति — **लग्ने वृषे शुक्रयुते गुरौ तु केंद्रान्विते षट्त्रिदशायसंस्थैः ।**
रसायनाद्यैरिह मंत्रसिद्धिया जातस्तु देवेन्द्रपदं प्रयाति ।।

—सर्वार्थ चिंतामणि 12/61

परिणाम — यदि वृष लग्न में शुक्र एवं बृहस्पति केंद्र में हों और अन्य सारे ग्रह तीसरे, छठें, दसवें और ग्यारहवें भाव में हों तो ऐसा जातक चिरंजीवी होता है ।

(71)

निष्पत्ति — **शनौ तुलायां मकरे गुरौ च लग्ने कुलीरे वृषभे शशांके ।**
जातः सुखी ब्रह्मपदं प्रयाति प्रसाधनाद्यैरिह मंत्रसिद्धया ।।

—सर्वार्थ चिंतामणि 12/62

परिणाम — यदि कर्क लग्न में चंद्रमा वृष का, शनि तुला में, बृहस्पति मकर में, तो जातक पूर्ण यशस्वी एवं चिरंजीवी होता है ।

(72)

निष्पत्ति — **वर्गोत्तमे लग्नगते कुलीरे केंद्रे गुरौ भूमिसुते कलत्रे ।**
सिंहासनांशे भृगुजे विशेषाद्रसायनद्यैरमितायुरेति ।।

—सर्वार्थ चिंतामणि 12/63

परिणाम — यदि कर्क लग्न में कर्क का नवमांश हो, गुरु केंद्र में, मंगल मकर में, शुक्र सिंहासनांश में हो तो ऐसा जातक चिरंजीवी होता है ।

(73)

निष्पत्ति— **कन्यांत्य लग्ने सबुधे कलत्रे जीवे सदा गौपुरभाग्ययुक्ते ।**
मृद्धंशके वा दिननाथपुत्रे जातस्त्वसंख्यायुरूपैति सूनुः ।।

—सर्वार्थ चिंतामणि 12/64

परिणाम — यदि कन्या लग्न में, कन्या का नवमांश हो, बुध सातवें, बृहस्पति गोपुर में, शनि मृदु अंश में हो तो ऐसा जातक पूर्ण यशस्वी एवं चिरंजीवी होता है ।

(74)

निष्पत्ति — **देवलोकांशगे शुक्रे केन्द्रस्थे धरणीसुते ।**
सिंहासनांशके जीवे केंद्रे जातस्त्वसंख्यकः ।।

—सर्वार्थ चिंतामणि 12/65

परिणाम — यदि शुक्र 'देवलोक' में हो, मंगल केंद्र में हो, बृहस्पति 'सिंहासनांश' में होकर केंद्र में हो तो ऐसा जातक पूर्ण यशस्वी एवं चिरंजीवी होता है।

(75)

निष्पत्ति — **उत्तमांशे बुधे केन्द्रे शुक्रे पारावतांशके।**
स्वर्गलोके गुरौ केन्द्रे त्वौषधाद्यैरसंख्यकः॥

—सर्वार्थ चिंतामणि 12/66

परिणाम — यदि बुध उत्तमांश से होकर केंद्रवर्ती हो, शुक्र पारावतांश में हो, बृहस्पति 'स्वर्गलोकांश' में होकर केंद्र में हो तो जातक चिरंजीवी होता है।

(76)

निष्पत्ति — **गोपुरेशे भृगौ केन्द्रे गुरौ पारावतांशके।**
त्रिकोणे कर्किलग्ने तु युगांतं सतु जीवति॥

—सर्वार्थ चिंतामणि 12/67

परिणाम — कर्क लग्न में यदि शुक्र केंद्रवर्ती होकर गोपुरांश में हो, बृहस्पति पारावतांश में होकर त्रिकोण में हो तो व्यक्ति चिरंजीवी होता है।

(77)

निष्पत्ति — **चापांशे कर्किलग्ने च तिस्मन्देवेन्द्र पूजिते।**
त्रिचतुर्भिर्ग्रहैः केन्द्रे जातो बृह्मपदं लभेत्॥

—सर्वार्थ चिंतामणि 12/68

परिणाम — कर्क लग्न हो तथा धनु का नवमांश हो तथा नवमांश में गुरु लग्नस्थ हो तथा नवमांश में तीन या चार ग्रह उच्च के हों तो जातक साक्षात् ब्रह्मा के समान यशस्वी एवं चिरंजीवी होता है।

(78)

निष्पत्ति — **तृतीयैकादशे शुक्रे गोपुराद्यंशकान्विते।**
वृषे वर्गोत्तमे लग्ने ब्रह्मणः परमं पदम्॥

—सर्वार्थ चिंतामणि 12/69

परिणाम — वृष लग्न में वृष का नवमांश हो, शुक्र गोपुरांश से होकर तीसरे या ग्यारहवें स्थान में हो तो जातक ब्रह्मा के समान यशस्वी एवं चिरंजीवी होता है।

(79)

निष्पत्ति — लग्ने शुक्रे गुरौ कामे कन्यायामुडुनायके।
चापे मेषांशके लग्ने जातो याति परं पदम्॥

—सर्वार्थ चिंतामणि 12/70

परिणाम — धनु लग्न में, मेष का नवमांश हो, शुक्र लग्न में हो, बृहस्पति सातवें हो, चंद्रमा कन्या में हो तो ऐसा जातक ब्रह्मा के समान यशस्वी एवं चिरंजीवी होता है।

(80)

निष्पत्ति — पंचमे बुधसंयुक्ते गोपुराद्यंशकान्विते।
गुरौ घटे विलग्नेस्मिन जातो ब्रह्मपदं लभेत॥

—सर्वार्थ चिंतामणि 12/71

परिणाम — कुंभ लग्न में बुध गोपुरांश में होकर पंचम स्थान में बैठा हो तो जातक ब्रह्मा के समान यशस्वी एवं चिरंजीवी होता है।

(81)

निष्पत्ति — केन्द्रे गुरौ लाभगतेर्क पुत्रे धने रवौ मांदियुते कलत्रे।
भाग्ये धरासुनूयुतेत्र जातो युगांतकाल समुपैति मंत्रैः॥

—सर्वार्थ चिंतामणि 12/72

परिणाम — मीन लग्न में बृहस्पति हो, शनि एकादश में, सूर्य द्वितीय भाव में, मांदी सातवें एवं मंगल नवम भाव में हो तो जातक मंत्रबल से दीर्घजीवी एवं यशस्वी होता है।

(82)

निष्पत्ति — त्रिकोणगौ जीवबुधौ विशेषाल्लग्ने वृषे तत्र युते धराजे।
निशाकरे गोपुरभागयुक्ते जातः सहस्त्रद्वयवर्षमेति॥

—सर्वार्थ चिंतामणि 12/73

परिणाम — वृष लग्न में मंगल हो, गुरु एवं बुध केंद्रवर्ती हों, चंद्रमा गोपुरांश में हो तो जातक यशस्वी एवं चिरंजीवी होता है।

(83)

निष्पत्ति — पक्षे सिते जन्म यदाहिनकाले केन्द्रे गुरौ वा शशिभे विलग्ने।
दारे कुजे भानुसुते सुखस्थे जास्तु जीवेदयुताब्दसंख्यम्॥

—सर्वार्थ चिंतामणि 12/74

परिणाम — कर्क लग्न में बृहस्पति हो, शुक्ल पक्ष में दिन के समय का जन्म हो एवं मंगल सातवें तथा शनि चौथे स्थान में हो तो जातक पूर्ण यशस्वी एवं चिरंजीवी होता है ।

(84)

निष्पत्ति — **जीवमंदारशुक्राणामन्योन्यं केन्द्रसंभवे ।**
त्रिकोणे वा यदा याते जातस्त्वयुतवत्सरः ॥

—सर्वार्थ चिंतामणि 12/75

परिणाम — यदि बृहस्पति, शनि और शुक्र परस्पर केंद्र या त्रिकोणवर्ती हों तो जातक चिरंजीवी होता है ।

(85)

निष्पत्ति — **शुभैर्युक्ते चतुष्केन्द्रे पापैः षट्त्रिभवान्वितैः ।**
सिंहे लग्ने यदा जातो जीवेत्षद्भडयुतानि सः ॥

—सर्वार्थ चिंतामणि 12/76

परिणाम — सिंह लग्न हो, सभी केंद्रों (1,4,7,10) में शुभ ग्रह हो तथा पापग्रह तीसरे, छठें एवं एकादश में हो तो जातक चिरंजीवी होता है ।

(86)

निष्पत्ति — **कर्क्यादिस्थैर्ग्रहैः सर्वैर्गुरु चंद्रादिभिर्यदा ।**
शून्यं तैः परमोच्चस्थैर्मुनितुल्यो भवेन्नरः ॥

—सर्वार्थ चिंतामणि 12/77

परिणाम — कर्क लग्न हो तथा सभी ग्रह कर्क से लेकर मकर राशि में क्रमशः उच्च या स्वगृही हों यथा कर्क में गुरु, चंद्र, सिंह में सूर्य, कन्या में बुध, तुला में शनि, वृश्चिक या मकर में मंगल हो तो जातक ऋषि-मुनियों की तरह दीर्घजीवी, यशस्वी एवं चिरंजीवी होता है ।

(87)

निष्पत्ति — **शन्यादिभौमपर्यंते लग्नादौ खेंचराः शुभाः ।**
वैशेषिकांशकयुता जातास्त्वमरसन्निभाः ॥

—सर्वार्थ चिंतामणि 12/78

परिणाम — यदि शनि, सूर्य, चंद्रमा और मंगल सभी वैशेषिकांश में होकर पूर्ण बली हों तो जातक चिरंजीवी होता है ।

(88)

निष्पत्ति — आकल्पं जीवति नरो मृगे लग्ने कुजादिका: ।
स्व्यन्ता: खेचरा: सर्वे सोत्थे जीवेहि जन्मनि ।।

—सर्वार्थ चिंतामणि 12/79

परिणाम — मकर लग्न हो, लग्न में मंगल, बुध, शुक्र, शनि और सूर्य हो, बृहस्पति तीसरे हों तथा जन्म दिन के समय का हो तो ऐसा व्यक्ति एक कल्प तक चिरंजीव रहता है ।

(89)

निष्पत्ति — मेषांत्यलग्ने सगुरौ भृगौ वा निशाकरे गोधनुमध्यमांशे।
सिंहासनांशे यदि वा धराजे जातस्त्वसंख्याब्दमुपैति मंत्रे: ।।

—सर्वार्थ चिंतामणि 12/80

परिणाम — मेष लग्न में मेष का नवमांश हो, नवमांश में बृहस्पति और शुक्र लग्न में हों, चंद्रमा वृष या धनु के नवमांश में हो, मंगल सिंहासनांश में हो तो व्यक्ति यशस्वी एवं चिरंजीवी होता है ।

(90)

निष्पत्ति — स्थिरे रवौ सोमसुतेन युक्ते चंद्रे वृषस्थे मिथुने च शुक्रे।
गुरौ कुलीरे यदि वा विलग्ने शनौ तुलायां मुनिसाम्यमेति ।।

—सर्वार्थ चिंतामणि 12/81

परिणाम — कर्क लग्न में बृहस्पति हो, शनि तुला में हो, सूर्य बुध के साथ स्थिर राशि (वृष, सिंह, वृश्चिक, कुंभ) में हो, चंद्रमा वृष में हो, शुक्र मिथुन में हो तो जातक ऋषि-मुनियों की तरह दीर्घजीवी, यशस्वी एवं चिरायु होता है ।

(91)

निष्पत्ति — देवलोकांशके चंद्रे भौमे पारावतांशके।
सिंहासने रवौ लग्ने जातो मुनिसमो भवेत् ।।

—सर्वार्थ चिंतामणि 12/82

परिणाम — यदि चंद्रमा 'देवलोक' में, मंगल पारावतांश में, सूर्य लग्न में हो, जातक ऋषि-मुनियों की तरह यशस्वी, दीर्घजीवी एवं चिरायु होता है ।

(92)

निष्पत्ति — **मेषलग्ने रवी माने जीवे स्वोच्चसमन्विते।**
त्रिषडायगते पापे जातो मुनिसमो भवेत्॥

—सर्वार्थ चिंतामणि 12/83

परिणाम — मेष लग्न में सूर्य दसवें, बृहस्पति कर्क राशि में, मंगल, शनि इत्यादि पापग्रह तीसरे, छठें या एकादश में हों तो जातक ऋषि-मुनियों की तरह यशस्वी, दीर्घजीवी एवं चिरायु होता है।

□

परमायु योग

ज्योतिष शास्त्र के विभिन्न श्लोकों में शतायु के बाद परमायु शब्द का प्रयोग किया गया है। परमायु सौ वर्ष से अधिक आयु को कहा गया है और कई जगह 108 वर्ष भी लिखा हुआ है। यहां इस पुस्तक के प्रबुद्ध पाठकों को परमायु का तात्पर्य सौ से कुछ अधिक वर्ष अर्थात् 108 से 120 वर्ष के मध्य की आयु को मानना चाहिए। यह गणना स्थूल है क्योंकि आयु समाप्ति का सही निर्णय तो वृद्धावस्था में चल रही मारकेश की दशा-अंतर्दशा से होता है।

परमायु योग

(93)

निष्पत्ति — **त्रिभिर्ग्रहैः स्नोच्चगतैः विलग्ने वृषे कुलीरे सगुरौ तथैव।**
मृगे कुजे कर्किणि देवपूज्ये, केंद्रेषु शेषाः परमायुरत्र॥

—सर्वार्थ चिंतामणि 12/43

परिणाम — यदि कर्क लग्न हो, बृहस्पति लग्न में, मंगल मकर में, शुक्र मीन या वृष में हो अर्थात् तीन ग्रह उच्च के हों तथा अन्य सभी ग्रह केंद्र में हों तो ऐसा व्यक्ति परमायु को प्राप्त कर 108 से 120 वर्ष की आयु को भोगता है।

(94)

निष्पत्ति — **लग्ने मृगापरार्द्धे तु पूर्वार्द्धे भौम संयुते।**
लग्ने शशांक सहिते गुरौ केन्द्रे परंवयः ॥

—सर्वार्थ चिंतामणि 12/45

परिणाम — मकर लग्न 15 अंशों में हो, मंगल चौथे, चंद्रमा लग्न में, चंद्रमा से सातवें बृहस्पति हो तो ऐसा व्यक्ति परमायु को प्राप्त कर 108 व 120 वर्ष की आयु को भोगता है ।

(95)

निष्पत्ति — **भृगौ चतुर्थे सगुरौ विलग्ने, सेन्दौ शनौ कर्मणि पापहीने।**
जातो नरोस्मिन् समुपैति दीर्घयायुश्च विद्यां यशसा समेताम् ॥

—सर्वार्थ चिंतामणि 12/44

परिणाम — गुरु लग्न में हो, गुरु से चौथे शुक्र हो, चंद्रमा शनि के साथ कहीं भी हो परंतु दशम भाव में कोई भी पापग्रह न हो तो जातक विद्वान होता है तथा परमायु को प्राप्त कर 108 से 120 वर्ष का यशस्वी जीवन जीता है ।

विशेष — यह योग धनु लग्न में ज्यादा सही घटित होता है ।

(96)

निष्पत्ति — **सौरे केन्द्रे भृगाः पुत्रे सचन्द्रे त्वपरं वयः ।**

—सर्वार्थ चिंतामणि 12/47

परिणाम — कुंभ लग्न हो शनि लग्न (केंद्र) से हो, शुक्र चंद्रमा के साथ (चौथे या नवम) हो तो जातक परमायु को प्राप्त कर 108 से 120 वर्ष की आयु को भोगता है ।

(97)

निष्पत्ति — **कन्यापूर्वार्द्धगे सौम्ये, परार्द्धे लग्नमागते।**
ग्राहेस्त्रिभिर्वा स्वोच्चस्थैः शतवर्षात्परं वयः ॥

—सर्वार्थ चिंतामणि 12/48

परिणाम — कन्या लग्न 15 अंशों में हो, सभी सौम्य ग्रह लग्न से पूर्वार्द्ध एक से सप्तम भाव तक बैठे हों, और कोई भी तीन ग्रह उच्च के हों तो जातक परमायु को प्राप्त कर 108 से 120 वर्ष के मध्य की आयु को भोगता है ।

(98)

निष्पत्ति — **पापास्त्रिष्ठलाभस्था: सौम्ये लग्नांत्यभाग के।**
लग्ने सौरौ गुरे केंद्र, भृगौ वा त्वपरं वय: ।।

—*सर्वार्थ चिंतामणि 12/49*

परिणाम — सभी पापग्रह तीसरे, छठें या ग्यारहवें स्थान में हों, शनि लग्न में हो, शुक्र या बृहस्पति केंद्र में हों तो ऐसा व्यक्ति परमायु को प्राप्त कर 108 से 120 वर्ष के मध्य की आयु को भोगता है ।

विशेष — यह योग तुला, मकर एवं कुंभ लग्न में ज्यादा सही बैठता है ।

(99)

निष्पत्ति — **नृयुग्मपूर्वार्द्धगते धरात्मजे, लग्ने परार्द्ध सगुरौ विशेषत: ।**
केन्द्रेच्छविद्ययां सहितेत्र जात: शतात्परं जीवति पुण्यभाक ।।

—*सर्वार्थ चिंतामणि 12/50*

परिणाम — मिथुन लग्न हो तथा मंगल लग्न में पूर्वार्द्ध (1 से 7 स्थान) में हो तथा उत्तरार्द्ध दूसरे भाग (7 से 12) तक बृहस्पति हों, केंद्र में शुक्र एवं बुध उच्च के हों तो जातक परमायु (108 से 120 के मध्य) को प्राप्त करता है ।

(100)

निष्पत्ति — **अनिमिषपरशांके विलग्ने शशितनये गवि पंचवर्गलिप्ते।**
भवति हि परमायुष: प्रमाणं यदि सहिता: सकला स्वतुंगभेषु ।।

—*सर्वार्थ चिंतामणि 12/51*

परिणाम — मीन लग्न में मीन का नवमांश हो, चंद्रमा वृष का हो, नवमांश आदि पांच वर्गों में चंद्रमा की स्थिति अच्छी हो, चार-पांच ग्रह उच्च के या स्वगृही हों तो जातक परमायु (108 से 120 के मध्य आयु) को भोगता है ।

(101)

निष्पत्ति — **गुरु शशिसहिते कुलीरलग्ने, शशितनये भृगुणे च केंद्रयाते।**
भवरिथु सहजो पगैश्च शेषैरमितमिहायुरनुक्रमाद्विना स्यात् ।।

—*सर्वार्थ चिंतामणि 12/52*

परिणाम — कर्क लग्न में गुरु एवं चंद्रमा हों, शुक्र एवं बुध केंद्र में हों, सूर्य, मंगल और शनि तीसरे, छठें एवं ग्यारहवें स्थान में हों ऐसा जातक 120 वर्ष की सुंदर आयु को भोगता है ।

(102)

निष्पत्ति — **लग्नेघटे देवगुरौ झषस्थे व्यये मृगौ वासरपे विलग्ने।**
जातः परं ब्रह्मपरं प्रयाति रसायनाद्यैर्दशवर्धित तत्॥

—सर्वार्थ चिंतामणि 12/53

परिणाम — कुंभ लग्न हो, बृहस्पति मीन का, शुक्र बारहवें मकर का तथा सूर्य लग्न में (कुंभ का) हो, ऐसा जातक जड़ी-बूटियों, योग व औषध के सहारे 120 वर्ष की स्वस्थ आयु को भोगता है।

शतायु योग

(103)

निष्पत्ति — **व्ययस्थाने यदा सूर्यः तुलालग्ने तु जायते।**
जीवेत् स शतवर्षाणि दीर्घायुर्बालको भवेत्॥

—बृहत्पाराशर होराशास्त्र 10/6

परिणाम — तुला लग्न में जन्म हो तथा द्वादश भाव में कन्या का सूर्य हो तो ऐसा जातक सौ वर्ष तक जीता है।

(104)

निष्पत्ति — **जीवे लग्नेश्वरात्केंद्र, केंद्रकोणविवर्जिताः।**
पापाः सुखानि सत्वातु जीवेद् वर्ष शतं नरः॥

—सर्वार्थ चिंतामणि 12/38

परिणाम — बृहस्पति केंद्र में हों तथा पापग्रह केंद्र त्रिकोण में कतई नहीं हो तो ऐसा जातक सौ वर्ष तक सुखी व संपन्न रूप से जीता है।

(105)

निष्पत्ति — **केन्द्रे गुरौ लग्नगते दिनेशे भूसूनुयुक्ते यदि वा मृतिस्थे।**
जातः श्रियं प्राप्य गुणाधिकारी, शतं तु जीवेच्छरदां विशेषात्॥

—सर्वार्थ चिंतामणि 12/39

परिणाम — यदि सूर्य मंगल के साथ लग्न में हो तथा बृहस्पति केंद्र स्थानों में हो तो व्यक्ति सौ वर्ष तक सुखी जीवन जीता है।

(106)

परिणाम — बृहस्पति केंद्र में एवं सूर्य मंगल अष्टम स्थान में हो तो व्यक्ति सौ वर्ष

तक सुखी जीवन जीता है ।

विशेष — यह योग मेष लग्न में ज्यादा सटीक व सही बैठता है जब बृहस्पति कर्क का हो ।

(107)

निष्पत्ति — **मीनात्यलग्ने खचरेश्चतुर्भिः केन्द्रस्थितैर्नागशंतः स जीवेत् ।**
निशाकरे लग्नगते स्वभागे, मीनस्थिते वा यदि वा कुलीरे ॥

—सर्वार्थ चिंतामणि 12/41

परिणाम — मीन लग्न में मीन का नवमांश हो तथा चार ग्रह केंद्र में हों तो व्यक्ति सौ वर्ष तक जीता है ।

अथवा

परिणाम — मीन या कर्क लग्न हो, चंद्रमा अपने स्व के नवमांश में लग्नगत हो, साथ में अन्य कोई ग्रह न हो तथा चार ग्रह केंद्र में हों तो व्यक्ति सौ वर्ष तक जीता है ।

दीर्घायु के योग

(108)

निष्पत्ति — **ग्रहैर्विहीने खचरैश्तुर्भिः केन्द्र स्थितैर्नागशतं स जीवेत् ।**
सिंहे विलग्ने खचरैश्चतुर्भिः त्रिकोण गैर्जीवति तावदेव ॥

—सर्वार्थ चिंतामणि 12/42

परिणाम — सिंह लग्न हो, सिंह का नवमांश हो तथा चार ग्रह त्रिकोण स्थान (1/5/9) में हो तो व्यक्ति सौ वर्ष तक जीता है ।

(109)

निष्पत्ति — **सुते चन्द्र गुरौ कोणे खे भौमेदीर्घायुः ॥** *—जातकतत्वम् 8/3*

परिणाम — पंचम स्थान में चंद्रमा, त्रिकोण में बृहस्पति व दशम स्थान में मंगल हो तो मनुष्य दीर्घायु होता है । दीर्घायु लगभग 96 वर्ष की आयु को कहा गया है ।

विशेष — यह योग मेष, कर्क और मीन लग्न में ज्यादा सही बैठता है ।

(110)

निष्पत्ति — **रन्ध्रेशे पापे लाभेऽल्पायुरन्यथाः दीर्घायुः ॥** —*जातकतत्वम् 8/3*

परिणाम — यदि अष्टमेश कोई पापग्रह हो तथा वह लाभ स्थान में हो तो अल्पायु अन्यथा अर्थात् लाभ के अतिरिक्त किसी स्थान में हो तो मनुष्य दीर्घायु होता है । दीर्घायु लगभग 96 वर्ष की आयु को कहा गया है ।

(111)

निष्पत्ति — **रन्ध्रेशे स्वर्क्षे वा मन्देऽष्टे दीर्घायुः ॥** —*जातकतत्वम् 8/4*

परिणाम — अष्टमेश अपनी राशि में हो या शनि अष्टम स्थान में हो तो दीर्घायु होती है । दीर्घायु लगभग 96 वर्ष की आयु को कहा गया है ।

विशेष — यह योग मिथुन व कर्क लग्न में सही घटित होता है ।

(112)

निष्पत्ति — **रन्ध्रांखगेशाः केन्द्रकोणलाभगा दीर्घायुः ॥** —*जातकतत्वम् 8/5*

परिणाम — लग्नेश, अष्टमेश व दशमेश यदि केंद्र, त्रिकोण व लाभ स्थानों मे हों तो दीर्घायु होती है । दीर्घायु लगभग 96 वर्ष की आयु को कहा गया है ।

(113)

निष्पत्ति — **मन्दे स्वर्क्षोच्चे उपचये वा रन्ध्रपे सुते दीर्घायुः ॥** —*जातकतत्वम् 8/6*

परिणाम — शनि यदि अपनी राशि या अपनी उच्च राशि में हो तथा उपचय स्थानों (3,6,10,11) में हो अथवा शनि अष्टमेश होकर पंचम स्थान में स्थित हो तो दीर्घायु होती है । दीर्घायु लगभग 96 वर्ष की आयु को कहा गया है ।

विशेष — यह योग वृष, मिथुन, सिंह, धनु और मकर लग्नों में सही बैठता है ।

(114)

निष्पत्ति — **रन्ध्रांगपौ रन्ध्रे लाभे वा दीर्घायुः ॥** —*जातकतत्वम् 8/7*

परिणाम — अष्टमेश व लग्नेश यदि अष्टम या लाभ स्थान में हों तो दीर्घायु होता है । दीर्घायु लगभग 96 वर्ष की आयु को कहा गया है ।

(115)

निष्पत्ति — **सभानुजैः खंगाष्टमपैः केन्द्रे दीर्घायुः ॥** —*जातकतत्वम् 8/8*

परिणाम — लग्नेश, अष्टमेश व दशमेश यदि शनि के साथ केंद्र में हों तो दीर्घायु होती है। दीर्घायु लगभग 96 वर्ष की आयु को कहा गया है।

(116)

निष्पत्ति — **कर्मपे सुते स्वोच्चे वा रन्ध्रेशे केन्द्रे वा चतुरस्त्रे शुभेषु दीर्घायुः ॥**

—जातकतत्वम् 8/9

परिणाम — दशमेश पंचम स्थान में हों तथा अपनी उच्चराशि में हो या अष्टमेश केंद्र में हो अथवा केंद्र स्थानों में शुभग्रह हों तो इन तीनों परिस्थितियों में दीर्घायु होती है। दीर्घायु लगभग 96 वर्ष की आयु को कहा गया है।

विशेष — दशमेश पंचम भाव में उच्च का केवल मीन लग्न में ही होता है। बाकी कर्क व मकर लग्न में दशमेश स्वगृही होकर पंचमभाव में बैठता है अतः अन्य लग्नों में यह योग घटित नहीं हो सकता।

(117)

निष्पत्ति — **पापस्त्रयायारिगाः शुभाः केन्द्र कोणे दीर्घायुः ॥***—जातकतत्वम् 8/10*

परिणाम — 3, 6, 11 स्थानों में पापग्रह स्थित हों तथा शुभग्रह केंद्र और त्रिकोण में हों तो दीर्घायु होती है। दीर्घायु लगभग 96 वर्ष की आयु को कहा गया है।

(118)

निष्पत्ति — **षष्ठाष्टमे सप्तमे शुभाः पापास्त्रिडाये दीर्घायु : ॥***—जातकतत्वम् 8/11*

परिणाम — 6,7,8 स्थानों में शुभग्रह (लग्नाधियोग) हों और 3, 6, 11 स्थानों में पापग्रह हों तो दीर्घायु होती है। दीर्घायु लगभग 96 वर्ष की आयु को कहा गया है।

(119)

निष्पत्ति — **रन्ध्रेपेगे शुक्रे ज्यदृष्टे दीर्घायुः ॥** *—जातकतत्वम् 8/12*

परिणाम — अष्टमेश यदि लग्न में स्थित हो और बृहस्पति व शुक्र उसे देखते हों तो दीर्घायु होती है। दीर्घायु लगभग 96 वर्ष की आयु को कहा गया है।

(120)

निष्पत्ति — **शुभाः केन्द्रकोणे पापः पारावते दीर्घायुः ॥** —*जातकतत्वम् 8/13*

परिणाम — केंद्र व त्रिकोण स्थानों में शुभग्रह हों और पापग्रह पारावतांश में हों तो दीर्घायु होती है । दीर्घायु लगभग 96 वर्ष की आयु को कहा गया है ।

(121)

निष्पत्ति — **सर्वखगै स्त्रिसुखरन्ध्रकेश्चिरायुः ॥** —*जातकतत्वम् 8/14*

परिणाम — 3,4,8 स्थान में सब ग्रह हों तो मनुष्य खूब लंबी आयु वाला होता है । दीर्घायु लगभग 96 वर्ष की आयु को कहा गया है ।

(122)

निष्पत्ति — **षष्ठान्त्यपौ लग्ने वा कर्मपे केन्द्रे वा लग्नपे दीर्घायुः ॥**

—*जातकतत्वम् 8/15*

परिणाम — षष्ठेश व द्वादशेश लग्न में हों अथवा दशमेश केन्द्र में हों या लग्नेश केन्द्र में हो तो दीर्घायु होती है । दीर्घायु लगभग 96 वर्ष की आयु को कहा गया है ।

(123)

निष्पत्ति — **केन्द्रगैः शुभैदृष्टांऽगे शोऽतिवीर्यश्चेद् दीर्घायुः ॥**—*जातकतत्वम् 8/16*

परिणाम — शुभ ग्रह केंद्र स्थानों में हों और वे अति बलवान लग्नेश को देखते हों तो मनुष्य की दीर्घायु होती है । दीर्घायु लगभग 96 वर्ष की आयु को कहा गया है ।

(124)

निष्पत्ति —
लग्नाधिपोऽतिबलवान्शुमैरदृष्टः
केंद्रस्थितः शुभखगैरवलोक्यमानः ।
मृत्युं विधूय विदधाति स दीर्घमायुः
साधे गुणैर्बहुभिरूर्जितराजलक्ष्म्या ॥ —*जातक पारिजात*

परिणाम — लग्न का स्वामी केंद्र में बलवान होकर शुभग्रह से दृष्ट और पापग्रह से अदृष्ट हो तो दीर्घायु अनेक गुणों से युक्त राजवैभव प्राप्त ऐसा होता है ।

विशेष — यह योग लंबी आयु एवं राजयोग दोनों को देने वाला है ।

उत्तम आयु योग

नवीनतम उपलब्ध मृत्युदरों की संगणना के अनुसार हमने 90 वर्ष से ऊपर की आयु को 'दीर्घायु' माना है, फलत: उत्तम आयु दीर्घायु एवं मध्यम आयु के बीच की सीढ़ी है। इसी अनुपात को ध्यान में रखते हुए हम 90 से 95 वर्ष तक की स्वस्थ आयु को उत्तम आयु मानते हैं। इस संदर्भ में हमें निम्न प्रमाणों (योगों) का ध्यान रखना चाहिए।

नब्बे (90) वर्ष की आयु का योग

(125)

निष्पति — **ओज राशिगताः सर्वे, पूर्ण चन्द्रसमन्विताः।**
ओजलग्ने परं भाग्यं, दीर्घमायुरूपैति सः॥

—सर्वार्थ चिंतामणि 12/30

परिणाम — विषम राशि का लग्न हो तथा सभी ग्रह विषम राशि (1,3,5,7,9,11) में हों, खासकर बलवान चंद्रमा विषम राशि में हो तो ऐसा जातक श्रेष्ठ भाग्यवाला होकर 90 वर्ष की नीरोग एवं उत्तम आयु को भोगता है।

छियासी (86) वर्ष की आयु का योग

(126)

निष्पत्ति — **चतुष्टयगताः सौम्याः पापाश्चाष्ट वर्जिताः।**
चन्द्रो विलग्नात्षष्ठस्थः षडशीत्या यमं व्रजेत्॥

—सर्वार्थ चिंतामणि 12/35

परिणाम — यदि चारों केंद्रों (1,4,7,10) में शुभग्रह हो, अष्टम स्थान में कोई भी पापग्रह न हो तथा चंद्रमा लग्न से छठें स्थान में बैठा हो तो ऐसा जातक 86 वर्ष की स्वस्थ व उत्तम आयु को भोगता है।

पच्चासी (85) वर्ष का आयु योग

(127)

निष्पत्ति — वृष लग्न में जन्म हो, लग्नेश शुक्र लग्न को देखता हो तथा सभी शुभग्रह केंद्र में हो तो यह योग बनता है।

परिणाम — ऐसा जातक पच्चासी वर्ष की निरोग एवं उत्तम आयु को भोगता है।

(128)

निष्पत्ति — तुला लग्न में जन्म हो, लग्नेश शुक्र लग्न को देखता हो, तथा सभी शुभग्रह केंद्र में हों तो यह योग बनता है।

परिणाम — ऐसा जातक पच्चासी वर्ष की नीरोग एवं उत्तम आयु को भोगता है।

(129)

निष्पत्ति — धनु लग्न में जन्म हो, लग्नेश बृहस्पति लग्न को देखता हो तथा सभी शुभग्रह केंद्र में हों, तो यह योग बनता है।

परिणाम — ऐसा जातक पच्चासी वर्ष की नीरोग एवं उत्तम आयु को भोगता है।

(130)

निष्पत्ति — लग्न में बृहस्पति हो तथा बृहस्पति अपने नवमांश में हो, शनि व सूर्य केंद्र में हों तो यह योग बनता है।

परिणाम — ऐसा जातक पच्चासी वर्ष की नीरोग एवं उत्तम आयु को भोगता है।

(131)

निष्पत्ति — वृष, सिंह, कन्या, तुला, मकर या कुंभ लग्न हो, तथा मेष या वृश्चिक राशि में स्थित होकर मंगल दशम भाव को देखता हो, बुध एवं शुक्र की युति केंद्र-त्रिकोण में हो तो यह योग बनता है ।

परिणाम — इस योग में जन्मा जातक 85 वर्ष की नीरोग एवं उत्तम आयु को भोगता है ।

चौरासी (84) वर्ष का आयु योग

(132)

निष्पत्ति — कन्या लग्न हो, लग्नेश बुध लग्न को देखता हो तथा सभी शुभ ग्रह केंद्र में हों तो यह योग बनता है ।

परिणाम — ऐसा जातक चौरासी (84) वर्ष की निरोग एवं उत्तम आयु को भोगता है ।

अस्सी (80) वर्ष का आयु योग

(133)

निष्पत्ति — **लग्नादि षट्के शुभखेचरेन्द्राः सर्वे बलाद्यस्त्वपरे तु पापाः ।**
प्रदीप्तियुक्तो गुणवान सुशील्शः श्रीमान अबीत्या निधनं प्रयाति ॥

—सर्वार्थ चिंतामणि 12/28

परिणाम — यदि लग्न से प्रारंभ होकर प्रथम छः भाव (छठें घर) तक शुभ ग्रह बलवान स्थिति में हों, तथा जन्म कुंडली के दूसरे भाग (छः से द्वादश भाव) तक पापग्रह बलवान स्थिति में हों तो ऐसा जातक गुणी, धनी व सिद्धांतयुक्त जीवन जीता हुआ अस्सी वर्ष की नीरोग व उत्तम आयु को भोगता है ।

(134)

निष्पत्ति — **जीवे सचन्द्रे केन्द्रस्थे सौम्यदृष्टे परे ग्रहाः ।**
दशमात्परतो युक्तात्वशीत्या निधनं भवेत् ॥

—सर्वार्थ चिंतामणि 12/34

परिणाम — किसी भी लग्न में चंद्रमा से युक्त बृहस्पति यदि केंद्र में शुभ ग्रहों से

दृष्ट हो तथा अन्य सभी ग्रह दशम भाव से लेकर लग्न तक हों तो ऐसा जातक अस्सी वर्ष की नीरोग एवं उत्तम आयु को भोगता है ।

(135)

निष्पत्ति — कर्क लग्न में बृहस्पति उच्च का हो, लग्नेश चंद्रमा बलवान हो, और शुभग्रह केंद्र-त्रिकोण (1,4,5,7,9,10) में हों तो यह योग बनता है ।

अथवा

(136)

निष्पत्ति — कोई भी लग्न हो, बृहस्पति उच्च का केंद्र-त्रिकोण में हों, लग्नेश पूर्ण बली हो तो यह योग बनता है ।

अथवा

(137)

निष्पत्ति — कोई भी लग्न हो बृहस्पति उच्च का केंद्र में हो, बलवान बुध त्रिकोण स्थान (1, 5, 9) में हो तथा लग्न का स्वामी पूर्ण बली हो तो यह योग बनता है ।

परिणाम — ऐसा जातक अस्सी वर्ष की नीरोग एवं स्वस्थ आयु को भोगता है ।

विशेष — यह योग मेष, कर्क, तुला एवं मकर लग्न में ही बनता है ।

पचहत्तर (75) वर्ष का आयु योग

(138)

निष्पत्ति — मेष लग्न में जन्म हो, लग्नेश मंगल लग्न को देखता हो, सभी शुभ ग्रह केंद्र में हों तो यह योग बनता है ।

परिणाम — ऐसा व्यक्ति पचहत्तर वर्ष की नीरोग एवं उत्तम आयु को भोगता है ।

(139)

निष्पत्ति — मिथुन लग्न में जन्म हो, लग्नेश बुध लग्न को देखता हो, सभी शुभग्रह केंद्र में हों तो यह योग बनता है ।

परिणाम — ऐसा व्यक्ति पचहत्तर वर्ष की नीरोग एवं उत्तम आयु को भोगता है ।

(140)

निष्पत्ति — वृश्चिक लग्न हो, लग्नेश मंगल लग्न को देखता हो, सभी शुभग्रह केंद्र में हों तो यह योग बनता है ।

परिणाम — ऐसा व्यक्ति पचहत्तर वर्ष की नीरोग एवं उत्तम आयु को भोगता है ।

तिहत्तर (73) वर्ष का आयु योग

(141)

निष्पत्ति — मकर लग्न में जन्म हो, लग्नेश शनि लग्न को देखता हो, सभी शुभ ग्रह केंद्र में हों तो यह योग बनता है ।

अथवा

(142)

निष्पत्ति — कोई भी लग्न हो, लग्न या लग्नेश को पापग्रह देखते हों, शुभग्रह बलवान हों तथा चंद्रमा शुभग्रहों के वर्ग में होकर कहीं भी बैठा हो तो यह योग बनता है ।

परिणाम — ऐसा व्यक्ति तिहत्तर (73) वर्ष की नीरोग एवं उत्तम आयु को भोगता है ।

सत्तर (70) वर्ष का आयु योग

(143)

निष्पत्ति — **पंचमस्थे धरासूनौ, नीचे मन्देस्तगे रवौ ।**
अस्मिन् जातो मनुष्यस्तु, सप्तत्या निधनं व्रजेत् ॥

—सर्वार्थ चिंतामणि 12/25

परिणाम — मंगल पांचवें भाव में हो, सूर्य सातवें भाव में तथा शनि मेष राशि में हो तो ऐसा व्यक्ति 70 वर्ष की नीरोग व उत्तम आयु को भोगता है ।

(144)

निष्पत्ति — **नीचे मन्दे केन्द्रगे वा त्रिकोले, सौम्ये केन्द्रे भास्करे वा ससौम्ये ।**
योगे जातः पंडितो धर्मशीलो, ज्ञानी प्राज्ञः सप्ततेर्वत्सराणाम् ॥

—सर्वार्थ चिंतामणि 12/23

परिणाम — यदि मेष का शनि केंद्र-त्रिकोण (1,4,5,7,9,10) में हो, सूर्य और बुध केंद्र में शुभ ग्रहों के साथ हों, तो ऐसा जातक धर्मज्ञ, विद्वान एवं समझदार होता है तथा सत्तर वर्ष की नीरोग एवं उत्तम आयु को भोगता है ।

(145)

निष्पत्ति — **प्रबले केन्द्रगे सौम्ये, निधने सौम्यवर्जिते।**
लग्नाधिपेन दृष्टश्चेत् पापैर्जीवति सप्ततिम्॥

—सर्वार्थ चिंतामणि 12/24

परिणाम — यदि शुभग्रह बलवान होकर केंद्र (1,4,7,10) में हो, आठवें स्थान में कोई भी शुभ ग्रह न हो, लग्नेश लग्न को या शुभग्रहों को देखता हो तो ऐसा व्यक्ति निंदित कार्यों से आजीविका चलाते हुए सत्तर वर्ष की नीरोग व उत्तम आयु को भोगता है ।

(146)

निष्पत्ति — कर्क लग्न में जन्म हो, लग्नेश चंद्रमा लग्न को देखता हो, सभी शुभ ग्रह केंद्र में हों तो यह योग बनता है ।

अथवा

(147)

निष्पत्ति — कोई भी लग्न हो, लग्न एवं चंद्रमा पापग्रहों से युक्त न हों, अष्टम स्थान खाली हो, लग्न में बृहस्पति तथा शुभ ग्रह केंद्र में हों तो यह योग बनता है ।

अथवा

(148)

निष्पत्ति — कोई भी लग्न हो पर शनि या मंगल से युक्त सूर्य लग्न में हों, गुरु बलहीन हो, चंद्रमा द्वादश स्थान या पंचम भाव में हो तो यह योग बनता है ।

परिणाम — ऐसा जातक सत्तर वर्ष की निरोग एवं उत्तम आयु को भोगता है ।

उन्हत्तर (69) वर्ष का आयु योग

(149)

निष्पत्ति — लग्न के नवमांश में सूर्य स्थित हो, मंगल छठें स्थान में एवं बृहस्पति से रहित चंद्रमा द्वादश भाव में स्थित हो तो यह योग बनता है ।

अथवा

(150)

निष्पत्ति — किसी भी लग्न के दशम भाव में बुध, शुक्र, चंद्रमा एवं बृहस्पति इन चारों ग्रहों की युति हो तो यह योग बनता है ।

परिणाम — ऐसा व्यक्ति उन्हत्तर (69) वर्ष की नीरोग एवं उत्तम आयु को भोगता है ।

अड़सठ (68) वर्ष का आयु योग

(151)

निष्पत्ति — **नक्षत्र नाथ सहितः सविता नभस्थ,**
सौरिर्विलग्न सहितो हिबुके सुरेज्यः ।
अस्मिन् योगे जायते यो मनुष्यईः
क्षोणीपतिर्नैधनमष्टषष्ट्या ॥

— सर्वार्थ चिंतामणि 12/20

परिणाम — यदि चंद्रमा और सूर्य दसवें स्थान में हों, शनि लग्न हो, बृहस्पति चतुर्थ भाव में हों तो ऐसा व्यक्ति बड़े भूभाग का स्वामी, राजा के समान ऐश्वर्यवान होता हुआ, अड़सठ (68) वर्ष की नीरोग एवं उत्तम आयु को भोगता है ।

विशेष — यह योग मेष, कन्या एवं धनु लग्न में ज्यादा सही घटित होता है ।

सड़सठ (67) वर्ष का आयु योग

(152)

निष्पत्ति — यदि सूर्य, शनि और शुक्र एक राशि में ही स्थित हों तथा बृहस्पति लग्न में हों, शुभग्रह लग्न को देखते हों तो यह योग बनता है ।

परिणाम — ऐसा जातक सड़सठ (67) वर्ष की नीरोग एवं उत्तम आयु को भोगता है।

छियासठ (66) वर्ष का आयु योग

(153)

निष्पत्ति — **जीवे विलग्ने बुध सूर्ययुक्ते,**
मीने शनौ द्वादशागे हिमांशी।
जातो योगे चार्थवान्सौख्य भाक्,
च जीवेत षष्ट्या षट् सहायेन जातः ।। *—सर्वार्थ चिंतामणि 12/21*

परिणाम — यदि बृहस्पति, बुध और सूर्य लग्न में हो, शनि मीन राशि में तथा चंद्रमा द्वादश भाव में हो तो ऐसा जातक धनवान एवं ऐश्वर्यशाली जीवन को जीते हुए छियासठ (66) वर्ष की उत्तम आयु को भोगता है।

विशेष — यह योग कर्क एवं धनु लग्न में ज्यादा सही घटित होता है।

पैंसठ (65) वर्ष का आयु योग

(154)

निष्पत्ति — **चन्द्रे विलग्ने स्वगृहं प्रयाते,**
नीचे शनौ सप्तमगे च सूर्ये।
अस्मिन् जातो मानुषो ज्ञानिमुख्यो,
जीवेत्षष्टिः पंचभिः सम्प्रयुक्तः ।।

—सर्वार्थ चिंतामणि 12/22

परिणाम — कर्क लग्न हो, लग्न में चंद्रमा हो, शनि मेष (नीच) राशि में हो, सूर्य सातवें स्थान में हो तो ऐसा व्यक्ति ज्ञानियों में अग्रगण्य होता है तथा पैंसठ (65) वर्ष की नीरोग एवं उत्तम आयु को भोगता है।

(155)

निष्पत्ति — सूर्य द्वादशांश में सिंह राशि का हो, एकादश स्थान में एकाधिक शुभग्रह हो तो यह योग बनता है।

अथवा

(156)

निष्पत्ति — बृहस्पति केंद्रच्युत हो, होरा लग्नेश द्वादशगत हो तो यह योग बनता है।

परिणाम — ऐसा व्यक्ति पैंसठ वर्ष की नीरोग एवं उत्तम आयु को भोगता है।

मध्यमायु के योग

(157)

निष्पत्ति — पापाः पणफरतुर्यत्रिस्थाः मध्यायुः ॥ —*जातकतत्वम् 8/17*

परिणाम — तृतीय, चतुर्थ, द्वितीय, पंचम, अष्टम व एकादश स्थानों में पापग्रह हों तो मध्यमायु होती है। मध्यमायु लगभग 64 वर्ष की कही गई है।

(158)

निष्पत्ति — **अंगेशेऽबले जीवे केन्द्रकोणत्रिके पापे मध्यायुः ॥**

—*जातकतत्वम् 8/18*

परिणाम — लग्नेश यदि निर्बल हो, बृहस्पति केन्द्र या त्रिकोण में हो और अष्टम स्थान में पापग्रह हो तो मध्यमायु होती है। मध्यमायु लगभग 64 वर्ष की कही गई है।

(159)

निष्पत्ति — **शुभेकेन्द्रकोणे मन्दे बलिनि षष्ठेऽष्टमे वा पापे मध्यायुः ॥**

—*जातकतत्वम् 8/19*

परिणाम — शुभग्रह केंद्र व त्रिकोण में हों, बलवान शनि षष्ठ या अष्टम में हो या कोई अन्य बली पापग्रह षष्ठ या अष्टम में हो तो मध्यमायु होती है। मध्यमायु लगभग 64 वर्ष की कही गई है।

(160)

निष्पत्ति — **त्रिकोणे केन्द्रे वा मिश्रा मध्यायुः ॥** —*जातकतत्वम् 8/20*

परिणाम — त्रिकोण या केंद्र में शुभाशुभ ग्रह साथ-साथ मिश्रित रूप से हों तो मध्यमायु होती है। मध्यमायु लगभग 64 वर्ष की कही गई है।

(161)

निष्पत्ति — चन्द्राद्रन्ध्रगाः क्रूराः दिवा जन्मनि मध्यायुः। —*जातकतत्वम् 8/21*

परिणाम — चंद्रमा से अष्टम स्थान में कई क्रूर ग्रह हों तथा दिन में जन्म हो तो मध्यमायु होती है। मध्यमायु लगभग 64 वर्ष की कही गई है।

(162)

निष्पत्ति — एकादशे तृतीये च नवमे पंचमें गुरौ।
शत्रुक्षेत्रेष्टपचांशदायुर्भवति निश्चितम्॥

—*मानसागरी अ० 4/53, पृ० 268*

परिणाम — लग्न से ग्यारहवें, तीसरे, नवें, पांचवें घर में शत्रु क्षेत्री होकर बृहस्पति हो तो उसकी अट्ठावन वर्ष की आयु होती है।

अल्पायु के योग

(163)

निष्पत्ति — सपापे रन्ध्रेशेऽन्त्ये षष्ठे वाल्पायुः॥ —*जातकतत्वम् 8/22*

परिणाम — यदि अष्टमेश पापग्रह के साथ हो तथा वह षष्ठ या द्वादश स्थान में स्थित हो। अल्पायु लगभग 32 वर्ष की कही गई है।

उपाय—
1. लग्नेश का रत्न पहनें।
2. महामृत्युंजय का प्रयोग करावें।

(164)

निष्पत्ति — पापा आपोक्लिमस्था अल्पायुः॥ —*जातकतत्वम् 8/23*

परिणाम — आपोक्लिम स्थानों (3,6,9,12) में यदि पापग्रह स्थित हों। अल्पायु लगभग 32 वर्ष की कही गई है।

उपाय—
1. लग्नेश का रत्न पहनें।
2. महामृत्युंजय का प्रयोग करावें।

(165)

निष्पत्ति — लग्नाष्टमेशौ व्ययारिगौ वाल्पायु॥ —*जातकतत्वम् 8/24*

परिणाम — लग्नेश व अष्टमेश एक साथ षष्ठ या द्वादश स्थान में स्थित हों। अल्पायु लगभग 32 वर्ष की कही गई है।

उपाय—
1. लग्नेश का रत्न पहनें।
2. महामृत्युंजय का प्रयोग करावें।

(166)

निष्पत्ति — **धनेशेंऽकेऽस्तेऽर्कजे लाभे इज्याच्छौ अल्पायुः ॥**–*जातकतत्वम् 8/25*

परिणाम — धन स्थान का स्वामी नवम स्थान में हो, शनि सप्तम स्थान में हो और शुक्र व बृहस्पति एकादश स्थान में हों । अल्पायु लगभग 32 वर्ष की कही गई है ।

उपाय— **1.** लग्नेश का रत्न पहनें ।

2. महामृत्युंजय का प्रयोग करावें ।

(167)

निष्पत्ति — **लग्नेऽर्कजारौ चन्द्रे रन्ध्रगः षष्ठे जीवेऽल्पायुः ॥** –*जातकतत्वम् 8/26*

परिणाम — लग्न में शनि व मंगल हों, चंद्रमा अष्टम स्थान में हो तथा बृहस्पति षष्ठ स्थान में हो । अल्पायु लगभग 32 वर्ष की कही गई है ।

उपाय— **1.** लग्नेश का रत्न पहनें ।

2. महामृत्युंजय का प्रयोग करावें ।

(168)

निष्पत्ति — **लग्नेशेऽष्टमेऽल्पायुः ॥** —*जातकतत्वम् 8/27*

परिणाम — लग्नेश अष्टम स्थान में हो । अल्पायु लगभग 32 वर्ष की कही गई है ।

उपाय— **1.** लग्नेश का रत्न पहनें ।

2. महामृत्युंजय का प्रयोग करावें ।

(169)

निष्पत्ति — **त्रिकेपापेऽगेंशेऽबलेऽल्पायुः ॥** —*जातकतत्वम् 8/28*

परिणाम — 6,8,12 स्थानों में पापग्रह हो और लग्नेश कम बली हो । अल्पायु लगभग 32 वर्ष की कही गई है ।

उपाय— **1.** लग्नेश का रत्न पहनें ।

2. महामृत्युंजय का प्रयोग करावें ।

(170)

निष्पत्ति — **क्रूरषष्ट्यंशे मन्दरन्ध्रेशौ सपापौ पापदृष्टौ वाल्पायुः ॥**

—*जातकतत्वम् 8/29*

परिणाम — शनि व अष्टमेश दोनों क्रूर षष्ट्यंश में हों, इनके साथ पापग्रह भी हों

और इन्हें पापग्रह देखते हों। अल्पायु लगभग 32 वर्ष की कही गई है।

उपाय— 1. लग्नेश का रत्न युक्त यंत्र पहनें।
2. महामृत्युंजय का प्रयोग करावें।

(171)

निष्पत्ति — **पापे केन्दे शुभदृग्घीनेगेंशेबलेल्पायुः ॥** *—जातकतत्वम् 8/30*

परिणाम — कोई पापग्रह केंद्र में हो और उसे शुभ ग्रह न देखता हो, साथ ही लग्नेश निर्बल हे । अल्पायु लगभग 32 वर्ष की कही गई है।

उपाय— 1. लग्नेश का रत्न पहनें।
2. महामृत्युंजय का प्रयोग करावें।

(172)

निष्पत्ति — **व्ययार्थगौ पापौ शुभदृग्घीनावल्पायुः ॥** *—जातकतत्वम् 8/31*

परिणाम — द्वादश व द्वितीय स्थान में यदि पापग्रह हों तथा उन्हें कोई शुभ ग्रह न देखता हो । लग्नेश निर्बल हो तो अल्पायु लगभग 32 वर्ष की कही गई है।

उपाय— 1. लग्नेश का रत्न पहनें।
2. महामृत्युंजय का प्रयोग करावें।

(173)

निष्पत्ति — **सप्तमे भवने भौमश्चाऽष्टमे भार्गवो यदा।**
नवमे भवने सूर्यश्चाल्पायुस्तस्य कथ्यते॥

—मानसागरी अ० 4/7 पृ० 261

परिणाम — लग्न से सप्तम घर में मंगल, अष्टम में शुक्र और नवम में सूर्य हों तो उसकी अल्पायु होती है।

सावधानी — उपरोक्त योग में गुरु केंद्र में से अथवा लग्नेश बलवान हो, शुभ ग्रहों से दृष्ट हो तो यह अरिष्ट योग भंग हो जाता है।

उपाय— 1. लग्नेश का रत्न पहनें।
2. महामृत्युंजय का प्रयोग करावें।

(174)

निष्पत्ति — नवमें पंचमें वाऽपि रिपुक्षेत्रे बृहस्पतिः ।
तदा नरस्य षट्त्रिंशद्वर्षाणयायुर्न संशयः ॥

—मानसागरी अ० 4/54 पृ० 268

परिणाम — नवम या पंचम घर में शत्रुक्षेत्री होकर बृहस्पति हो तो वह निःसंदेह छत्तीस वर्ष जीता है ।

सावधानी — उपरोक्त योग में शुक्र केंद्र में हो, अथवा लग्नेश बलवान हो, शुभग्रहों से दृष्ट हो तो यह अरिष्ट योग भंग हो जाता है ।

उपाय— 1. लग्नेश का रत्न पहनें ।
2. महामृत्युंजय का प्रयोग करावें ।

(175)

निष्पत्ति — शत्रुक्षेत्रे यदा शुक्रो द्वितीये द्वादशे भवेत् ।
एकविंशतिवर्षायुर्जायते बालको ध्रुवम् ॥

—मानसागरी अ० 4/55 पृ० 269

परिणाम — शत्रुक्षेत्री होकर द्वितीय या द्वादश घर में शुक्र हो तो उस बालक की इक्कीस वर्ष की आयु होती है ।

सावधानी — उपरोक्त योग में गुरु केंद्र में हो, अथवा लग्नेश बलवान हो, शुभग्रहों से दृष्ट हो तो यह अरिष्ट योग भंग हो जाता है ।

उपाय— 1. लग्नेश का रत्न पहनें ।
2. महामृत्युंजय का प्रयोग करावें ।

(176)

निष्पत्ति — राहौ च केन्द्रगे मृत्युः पापानां दृष्टिसंयुते ।
संवत्सरे तु दशमे षोडशे तु विशेषतः ॥

—मानसागरी अ० 4/59, पृ० 269

परिणाम — पापग्रह से दृष्ट अथवा युक्त राहु केंद्र (1/4/7/10) में हो तो उसकी दशम वर्ष या षोडश वर्ष में तो अवश्य ही मृत्यु हो जाती है ।

सावधानी — उपरोक्त योग में गुरु या शुक्र केंद्र में हों, अथवा लग्नेश बलवान हो, शुभग्रहों से दृष्ट हो तो यह अरिष्ट योग भंग हो जाता है ।

उपाय— 1. लग्नेश का रत्न पहनें ।
2. महामृत्युंजय का प्रयोग करावें ।

(177)

निष्पत्ति — **चतुर्थेऽपि यदा राहुः केन्द्रे भवति चंद्रमाः।**
विंशद्वर्षे भवेन्मृत्युर्जातकस्य न संशयः॥

—मानसागरी अ० 4/67, पृ० 270

परिणाम — चतुर्थ घर में राहु और केंद्र में चंद्रमा हो तो इस योग में जन्म लेने वाला बीस वर्ष जीता है।

सावधानी — उपरोक्त योग में गुरु या शुक्र केंद्र में हों, अथवा लग्नेश बलवान हो, शुभग्रहों से दृष्ट हो तो यह अरिष्ट योग भंग हो जाता है।

उपाय— **1.** लग्नेश का रत्न पहनें।

2. महामृत्युंजय का आप करावें।

(178)

निष्पत्ति — **सप्तमस्थो यदा राहुर्जन्मकाले यदा तदा।**
दशवर्षैर्भवेन्मृत्युरमृतं यदि पीयते॥

—मानसागरी अ० 4/68, पृ० 271

परिणाम — जन्म समय में सप्तम में राहु यदि अमृत भी पिए तो भी दस वर्ष में जातक मृत्यु पाता है।

सावधानी — उपरोक्त योग में गुरु या शुक्र केंद्र में हों, अथवा लग्नेश बलवान हो, और शुभग्रहों से दृष्ट हो तो यह अरिष्ट योग भंग हो जाता है।

उपाय— **1.** लग्नेश का रत्न पहनें।

2. महामृत्युंजय का जाप करावें।

नक्षत्रगत बालारिष्ट योग

नक्षत्रगंडांत, तिथि गंडांत, राशि गंडांत व्यतिपात व्याघात योग, एवं आश्लेषा, मूल, ज्येष्ठा नक्षत्रों में जन्मे बालक नहीं जीते। ये नक्षत्र एवं गंडांत में अरिष्ट मूलक हैं। इनकी तत्काल विधिपूर्वक शांति करने से बालक के आयु की रक्षा होती है तथा परिवार-कुटुंब में सुख-शांति की स्थापना होती है।

मूल नक्षत्र योग

(179)

निष्पत्ति — **मूलाद्यंशे पितुर्नाशो द्वितीये मातुरे व च।**
तृतीये धनधान्यानां, नाशस्तुर्ये धनागमः ॥ —*ज्योतिषतत्वम्*

परिणाम — मूल नक्षत्र का अधिपति निर्ऋति नामक राक्षस है। राक्षत्र नक्षत्र में उत्पन्न बालक पर राक्षसी प्रवृत्तियों का दुष्प्रभाव पड़ता है। मूलनक्षत्र के प्रथम चरण में पिता का नाश, द्वितीय में माता का, तृतीय में धन-धान्य का नाश और चतुर्थपाद शिशु के लिए शुभ होता है।

सावधानी — मूल नक्षत्र के प्रारंभ की 4 घटी (1 घंटा 36 मिनट) अभुक्त मूल कही गई है। अभुक्त मूल में उत्पन्न बालक का त्याग करना चाहिए **'मूलदोषो अष्टवर्षकम्'** मूलनक्षत्र का दोष आठ वर्ष तक रहता है।

फलत: 8 वर्ष तक पिता बालक का मुंह नहीं देखता । अनुभव में यह आया है कि इन नक्षत्रों में जीने वाला व्यक्ति तेजस्वी, साहसी व भाग्यवान होता है ।

उपाय — 27 वनस्पतियों के पत्ते, 27 कुओं के जल तथा 27,000 मंत्र जाप एवं हवन से मूलनक्षत्र की शांति करने से मूलनक्षत्र जन्म दोष की शांति हो जाती है । अत: मूलनक्षत्र में जन्मे जातक की नक्षत्र शांति अवश्य करानी चाहिए ।

आश्लेषा नक्षत्र योग

(180)

निष्पत्ति — **संर्पांशे प्रथमे राज्यं, द्वितीये तु धनक्षयः ।**
तृतीये जननीनाशः चतुर्थे मरणं पितु ॥ — *भास्कर व्यवहारे*

परिणाम — आश्लेषा के पहले चरण में यदि बालक का जन्म हो तो राज्य प्राप्ति, दूसरे चरण में धन नाश, तीसरे चरण में माता का नाश और चौथे चरण में जातक का जन्म हो तो पिता का नाश होता है ।

सावधानी — शास्त्रकार कहते हैं **'नवमासं सार्पदोषो'** अर्थात आश्लेषा नक्षत्र का दोष नौ महीने तक रहता है । आश्लेषा की प्रारंभिक 15 घटी को छोड़कर शेष 45 घटी अभुक्तमूल है । इन अभुक्तमूल में बालक जन्म होने पर नौ महीने पिता बालक का मुंह नहीं देखता । यह अनुभव में आया है कि इस नक्षत्र में जन्मा व्यक्ति धनवान एवं भाग्यशाली (नक्षत्रधारी) कहलाता है ।

उपाय — 27 वनस्पतियों के पत्ते, 27 कुओं का जल, 27 प्रकार के फल एवं 27,000 मंत्रों के जाप एवं हवन द्वारा नक्षत्रशांति कराने से आश्लेषा नक्षत्र जन्म-दोष समाप्त हो जाता है ।

ज्येष्ठा नक्षत्र योग

(181)

निष्पत्ति — **ज्येष्ठादौ जननीमाता द्वितीये जननीपिता ।**
तृतीये जननीमाता, स्वयं माता चतुर्थके ॥
आत्मानं पंचमे हन्ति, षष्ठे गोत्रक्षयो भवेत्

सप्तमे चोमयकुलं, ज्येष्ठभ्रातरमष्टमे ॥
नवमे श्वसुंरं हन्ति, सर्वहन्ति दशंशके ॥

—बालबोध ज्योतिषसार समुच्चय अ० 10/ श्लोक 60

परिणाम — ज्येष्ठा की पहली छः घड़ियों (2 घंटा 24 मिनट) में जन्म हो तो जातक की नानी मरेगी, दूसरी छः घड़ियों में जन्म हो तो नाना मरेगा। तीसरी छः घड़ियों में जन्म हो तो मामा मरेगा। चौथी छः घड़ियों में माता मरेगी। पांचवीं छः घड़ियों में जातक के स्वयं की मृत्यु होगी। अंतिम छः घड़ियों में जन्म होने पर जातक का स्वगोत्र नाश, सातवीं छः घड़ियों में दोनों कुल (माता-पिता) का नाश, आठवी छः घड़ियों में बड़ा भाई मरेगा। नवमी छः घड़ियों में जन्म हो तो विवाह काल में जातक का श्वसुर मरेगा और अंतिम दसवी छः घड़ियों में जन्म हो तो सबका नाश होता है।

सावधानी — ज्येष्ठा नक्षत्र की अंतिम छः घड़ी (2 घंटा 24 मिनट) अभूक्तमूल कही गई है। शास्त्र कहता है कि **'ज्येष्ठो मासान्पंचदश तावद्दर्शनवर्जनम्"** ज्येष्ठानक्षत्र में जन्मे जातक का प्रभाव 15 मास तक रहता है तब तक पिता को बालक के मुंह का दर्शन नहीं करना चाहिए। अनुभव में यह आया है कि इस नक्षत्र में जन्मा व्यक्ति धनवान, तेजस्वी एवं भाग्यशाली (नक्षत्रधारी) कहलाता है। जन्म के सत्ताइस दिन के बाद नक्षत्रशांति करावें। विशेष परिस्थितियों में बारह दिन में नक्षत्रशांति हो सकती है।

उपाय — 27 वनस्पतियों के पत्ते, 27 कुओं का जल, 27 प्रकार के फल एवं 27,000 मंत्रों के जाप एवं हवन द्वारा नक्षत्रशांति कराने से ज्येष्ठ नक्षत्र जन्म ज्येष्ठा दोष समाप्त हो जाता है।

ग्रहण जन्मयोग

(182)

निष्पत्ति — **ग्रहणे चन्द्रसूर्यस्य प्रसूतिर्यदि जायते।**
व्याधिपीड़ा तदा स्त्रीणामादौ तु ऋतुदर्शनात् ॥
इत्थं संजायते यस्तु तस्य मृत्युर्न संशद्र्यंः।
व्याधिपीड़ा च दारिद्र्यं शोकश्च कलहो भवेत् ॥

शांति तेषां प्रवक्ष्यामि नराणां हिकाम्यया।
यस्मिन्नृक्षे विशेषेणां ग्रहणं सम्प्रजायते॥ —*शौनक*

परिणाम — सूर्य या चंद्र ग्रहण के समय यदि किसी जातक का जन्म हो तो शिशु रोगी होता है तथा उसकी तत्काल मृत्यु की संभावना रहती है। ऐसे जातक की माता को प्रथम रजोदर्शन के समय बड़ा कष्ट होता है तथा जातक के परिवार में दरिद्रता, शोक, कलह एवं पीड़ा का प्रकोप होना शुरू हो जाता है।

सावधानी — ग्रहशांति का उपाय बारह दिन के भीतर-भीतर करावें।

उपाय— 1. ऐसे जातक को तत्काल ग्रहशांति का हवन कराना चाहिए।
2. ग्रहण का दान देना चाहिए।
3. ग्रहण काल के जिस नक्षत्र में जातक का जन्म हुआ हो, उस नक्षत्र की विशेष शांति मंत्रपाठ, हवन, तर्पण, मार्जन से करनी चाहिए।

व्यतिपात—वैधृति जन्म योग

(183)

निष्पत्ति — वैधृतो च व्यतिपाते महादोषोभिजायते।
कुमारजन्मकाले तु व्यतिपातश्च वैधतिः॥
संक्रान्तिश्च रवेस्तत्र जातो दारिद्र्यं कारकः।
दरिद्राणां महतदुःख व्याधिपीडा यहद्भयम्।
अश्रियं मृत्युमापन्नोति नात्र कार्या विचारणा॥
स्त्रीणां च शोको दुःखं च सर्वनाशकरं भवेत्।
शान्तिर्वा पुष्कला चेत्स्यातत्र दोषो न कश्चन्॥

—*गार्ग्यवचनम्*

परिणाम — सूर्यसंक्रांति, वैधृति या व्यतिपात योग में जिस जातक का जन्म होता है वह महान् दोषकारक होता है। ऐसे योग में जन्मा जातक असाध्य व्याधि से ग्रसित होकर शीघ्र मृत्यु को प्राप्त होता है। घर परिवार में दुःख, कलह, अशांति एवं दरिद्रता का प्रकोप होने लगता है। यह योग सर्वनाशकारी कहा गया है। खासकर स्त्रियों के लिए कष्टप्रद है।

उपाय— 1. जातक को गोमुख प्रसव करावें।
2. ग्रहों के जप-जाप तथा अभिषेक कर्म करावें।

3. पांच द्रोण कलशों का दान करें ।
4. नवग्रह शांति का हवन बारह दिन के भीतर-भीतर करावें ।

तिथि गंडांत जन्म योग

(184)

निष्पत्ति — **तिथिक्षये व्यतीपाते व्याघाते विष्टिवैधृतौ।**
शूले गण्डे च पारिधे वज्रे च यमघण्टके॥
कालगण्डे मृत्युयोगे दग्धयोगे सुदारुणे।
तस्मिन्गण्डदिने प्राप्ते प्रसूतियदि जायते॥
अतिदोषकारी प्रोक्ता, तत्र पापयुते सति।
विचार्य तत्र दैवज्ञं शान्ति कुर्याद्यथाविधि॥

—वृद्धगार्ग्यसंहितायां

परिणाम — गंडांत नाम संधिकाल का है । जैसे नंदा तिथियों (1/6/11) का आदि भाग और पूर्णतिथियों (5/10/15) का समाप्तिकाल गंडांत कहलाता है । पूर्णिमा की समाप्ति एवं प्रतिपदा तिथि का प्रारंभ, पंचमी की समाप्ति षष्ठी का प्रारंभ, दशमी की समाप्ति एकादशी का प्रारंभ काल का नाम तिथि संधि या तिथि गंडांत कहलाता है । इस क्षण में जातक का जन्म अनिष्टकारक कहा गया है । बालक शीघ्र गुजर जाता है । ऐसे ही व्यतिपात, व्याघात, विष्टि, वैधृत, शूल योग गंडयोग, परिधं, वज्र, यमघंटक कालगंड, मृत्युयोग, दग्धयोगों में जातक का जन्म अनिष्टकारक एवं दारुण दु:ख देने वाला कहा गया है । कुशल ज्योतिषी (दैवज्ञ) को इन योगों पर विचार करके इनकी शांति का यथाविधि प्रयत्न करना चाहिए ।

उपाय—
1. गोधृत का दीपक तुरंत शिवालय में जलाकर दीप दान करें ।
2. जातक की आयुष्य वृद्धि के लिए शीघ्र रुद्राभिषेक का आयोजन करें ।
3. महामृत्युंजय का जाप करावें ।
4. अश्वस्थ वृक्ष की प्रदिक्षणा करें ।
5. नवग्रहों की शांति का हवन करावें, दान करें ।

बालारिष्ट योग

(185)

निष्पत्ति — **भौमक्षेत्रे यदा जीवों जीवक्षेत्रे च भूसुतः ।**
द्वादशे वत्सरे मृत्युर्वालकस्य न संशयः ।।

— मानसागरी अ० 4/2, पृ० 260

परिणाम — मंगल के घर में बृहस्पति और बृहस्पति के घर में मंगल हो तो उस बालक की बारहवें वर्ष में निःसंदेह मृत्यु होती है ।

सावधानी — उपरोक्त योग में गुरु या शुक्र केंद्र में हो, अथवा लग्नेश बलवान हो, शुभ ग्रहों से दृष्ट हो तो यह अरिष्ट योग भंग हो जाता है ।

उपाय — जातक के गले में अभियंत्रित मोतीयुक्त चंद्र यंत्र शीघ्र पहनावें ।

विशेष — यह योग मेष, वृष, सिंह, कन्या, तुला, धनु, मकर, में ज्यादा सही बैठता है ।

(186)

निष्पत्ति — **धनस्थाने यदा भौमः शनैश्चरसमन्वितः ।**
सहजे च भवेद्राहुर्वर्षमेकं स जीवति ।।

— मानसागरी अ० 4/3, पृ० 260

परिणाम — शनि मंगल लग्न से दूसरे घर में हो और तीसरे घर में राहु हो तो वह एक वर्ष जीता है ।

सावधानी — उपरोक्त योग में गुरु या शुक्र केंद्र में हो, अथवा लग्नेश बलवान हो, शुभ ग्रहों से दृष्ट हो तो यह अरिष्ट योग भंग हो जाता है ।

उपाय — जातक के गले में अभिमंत्रित मोतीयुक्त चंद्र यंत्र शीघ्र पहनावें ।

विशेष — यह योग मिथुन एवं मीन लग्न में सटीक बैठता है ।

(187)

निष्पत्ति — **चतुर्थे च यदा राहुः षष्ठे चंद्रोऽष्टमेऽपि वा।**
सद्यश्चैव भवेन्मृत्युः शंकरो यदि रक्षति।।

— मानसागरी अ० 4/4, पृ० 260

परिणाम — लग्न से चतुर्थ राहु हो और छठें या आठवें चंद्रमा हो तो बालक की यदि महादेव भी रक्षा करे तब भी तत्काल मृत्यु होती है ।

सावधानी — उपरोक्त योग में गुरु या शुक्र केंद्र में हों, अथवा लग्नेश बलवान हो, शुभ ग्रहों से दृष्ट हो तो यह अरिष्ट योग भंग हो जाता है ।

उपाय — जातक के गले में अभिमंत्रित मोतीयुक्त चंद्र यंत्र शीघ्र पहनावें ।
विशेष — यह योग मेष एवं मिथुन लग्न में सटीक बैठता है ।

(188)

निष्पत्ति — **अष्टमस्थो निशानाथः केन्द्रः पापेन संयुतः ।**
चतुर्थे च यदा राहुर्वर्षमेकं स जीवति ॥

— मानसागरी अ० 4/5, पृ० 261

परिणाम — लग्न में अष्टम चंद्रमा और केंद्र में पापग्रह और चतुर्थ घर में राहु हो तो वह एक वर्ष जीता है ।
सावधानी — उपरोक्त योग में गुरु या शुक्र केंद्र में हो, अथवा लग्नेश बलवान हो, शुभ ग्रहों से दृष्ट हो तो यह अरिष्ट योग भंग हो जाता है ।
उपाय — जातक के गले में अभिमंत्रित मोतीयुक्त चंद्र यंत्र शीघ्र पहनावे ।
विशेष — यह योग मेष एवं कुंभ लग्न में सटीक बैठता है ।

(189)

निष्पत्ति — **लग्ने व्यये धने क्रूरा यदा मृत्यौ च संस्थिताः ।**
विष्ठावरोधतो दुःखे द्वादशाऽष्टमवर्षयोः ॥

— मानसागरी अ० 4/6, पृ० 261

परिणाम — लग्न, धन और अष्टम तथा व्यय में क्रूर ग्रह हों तो उसी बारहवें या आठवें वर्ष में दस्त बंद होने से पीड़ा होती है ।
सावधानी — उपरोक्त योग में गुरु या शुक्र केंद्र में हो, अथवा लग्नेश बलवान हो, शुभ ग्रहों से दृष्ट हो तो यह अरिष्ट योग भंग हो जाता है ।
उपाय — जातक के गले में अभिमंत्रित मोतीयुक्त चंद्रयंत्र शीघ्र पहनावें ।

(190)

निष्पत्ति — **लग्नस्थाने यदा भौमो द्वादशे च यदा गुरुः ।**
शुक्रः शत्रुगृहे यस्य मासमेकं स जीवति ॥

— मानसागरी अ० 4/10, पृ० 261

परिणाम — लग्न में मंगल, बारहवें घर में बृहस्पति और छठें घर में शुक्र हो तो वह बालक एक महीना जीता है ।
सावधानी — उपरोक्त योग में गुरु या शुक्र केंद्र में हों, अथवा लग्नेश बलवान हो, शुभ ग्रहों से दृष्ट हो तो यह अरिष्ट योग भंग हो जाता है ।
उपाय — जातक के गले में अभिमंत्रित मोतीयुक्त चंद्रयंत्र शीघ्र पहनावें ।

विशेष — यह योग मेष लग्न में सटीक बैठता है ।

(191)

निष्पत्ति — **क्षीणचन्द्रे गते लग्ने क्रूराग्रहनिरीक्षिते।**
द्वितीये द्वादशे भौमे मासमेकं स जीवति॥

— मानसागरी अ० 4/11, पृ० 262

परिणाम — लग्न में क्षीण चंद्रमा को क्रूर ग्रह देखता हो और द्वितीय या द्वादश घर में मंगल हो तो वह बालक भी एक महीना जीता है ।

सावधानी — उपरोक्त योग में गुरु या शुक्र केंद्र में हो, अथवा लग्नेश बलवान हो, शुभ ग्रहों से दृष्ट हो तो यह अरिष्ट योग भंग हो जाता है ।

उपाय — जातक के गले में अभिमंत्रित मोतीयुक्त चंद्रयंत्र शीघ्र पहनावें ।

(192)

निष्पत्ति — **मूर्तिसप्तमयोः क्रूरा द्वितीयव्ययगामिनः ।**
चतुर्थे च यदा राहुः सप्ताहान्म्रियते तदा॥

— मानसागरी अ० 4/12, पृ० 262

परिणाम — लग्न सप्तम द्वादश तथा द्वितीय घर में भी कूर ग्रह हो और चतुर्थ घर में राहु हो तो बालक सात दिन में ही मर जाता है ।

सावधानी — उपरोक्त योग में गुरु या शुक्र केंद्र में हो, अथवा लग्नेश बलवान हो, शुभ ग्रहों से दृष्ट हो तो यह अरिष्ट योग भंग हो जाता है ।

उपाय — जातक के गले में अभिमंत्रित मोतीयुक्त चंद्रयंत्र शीघ्र पहनावें ।

(193)

निष्पत्ति — **द्वादशस्थो यदा सौरिर्लग्नसंस्थश्च भूसुतः ।**
चतुर्थः सैंहिकेयश्च ह्यष्टमासान् स जीवति।

— मानसागरी अ० 4/14, पृ० 262

परिणाम — लग्न से बारहवें भाव में शनि, लग्न में मंगल और चतुर्थ घर में राहु हो तो वह बालक आठ महीना जीता है ।

सावधानी — उपरोक्त योग में गुरु या शुक्र केंद्र में हो, अथवा लग्नेश बलवान हो, शुभ ग्रहों से दृष्ट हो तो यह अरिष्ट योग भंग हो जाता है ।

उपाय — जातक के गले में अभिमंत्रित मोतीयुक्त चंद्रयंत्र शीघ्र पहनावें ।

(194)

निष्पत्ति — **शशिसूर्यसिते केन्द्रे संयुक्तः सोम आर्किणा।**
हन्ति वर्षद्वयेनैव जातकं शिष्टभावितः ॥

— मानसागरी अ० 4/17, पृ० 263

परिणाम — चंद्रमा, सूर्य, शुक्र केंद्र में और चंद्रमा शनि से युक्त हो तो वह बालक शुभग्रहों से भी भावित क्यों न हो तथापि दो वर्ष में ही मृत्यु को प्राप्त होता है।

सावधानी — उपरोक्त योग में गुरु या शुक्र केंद्र में हो, अथवा लग्नेश बलवान हो, शुभ ग्रहों से दृष्ट हो तो यह अरिष्ट योग भंग हो जाता है।

उपाय — जातक के गले में अभिमंत्रित मोतीयुक्त चंद्रयंत्र शीघ्र पहनावें।

(195)

निष्पत्ति — **सूर्यमन्दगृहे शुक्रो गुरुणां च विलोकितः।**
नवभिर्मारयत्येनं वर्षैर्जातं न संशयः ॥

— मानसागरी अ० 4/19, पृ० 263

परिणाम — बृहस्पति से दृष्ट शुक्र, सूर्य या शनि के घर में हो तो इस योग में जन्म लेनेवाला नवमे वर्ष में मर जाता है।

सावधानी — उपरोक्त योग में गुरु या शुक्र केंद्र में हो, अथवा लग्नेश बलवान हो, शुभ ग्रहों से दृष्ट हो तो यह अरिष्ट योग भंग हो जाता है।

उपाय — जातक के गले में अभिमंत्रित मोतीयुक्त चंद्रयंत्र शीघ्र पहनावें।

(196)

निष्पत्ति — **सूर्येण सहितश्चन्द्रो बुधर्वेश्मगतः सदा।**
न वीक्षितश्च सौम्येन नववर्षेण मृत्युदः ॥

— मानसागरी अ० 4/20, पृ० 263

परिणाम — सूर्य, चंद्रमा बुध के घर में हों और किसी सौम्यग्रह से नहीं देखे जाते हों तो वह नवमें वर्ष में मृत्यु पाता है।

सावधानी — उपरोक्त योग में गुरु या शुक्र केंद्र में हो, अथवा लग्नेश बलवान हो, शुभ ग्रहों से दृष्ट हो तो यह अरिष्ट योग भंग हो जाता है।

उपाय — जातक के गले में अभिमंत्रित मोतीयुक्त चंद्रयंत्र शीघ्र पहनावें।

विशेष — यह योग मेष, वृश्चिक एवं कुंभ लग्न में सही बैठता है।

(197)

निष्पत्ति — **बुधाः सूर्यैन्दुसंयुक्तो वीक्षितापि शुभैर्ग्रहैः।**
वर्षैरेकादशैस्तेन मारयत्येव निश्चितम्॥

— मानसागरी अ० 4/21, पृ० 263

परिणाम — सूर्य चंद्रमा से युक्त बुध शुभग्रह से देखा जाता हो तो ग्यारहवें वर्ष की अवस्था में मृत्यु करता है।

सावधानी — उपरोक्त योग में गुरु या शुक्र केंद्र में हो, अथवा लग्नेश बलवान हो, शुभ ग्रहों से दृष्ट हो तो यह अरिष्ट योग भंग हो जाता है।

उपाय — जातक के गले में अभिमंत्रित मोतीयुक्त चंद्रयंत्र शीघ्र पहनावें।

(198)

निष्पत्ति — **लग्नादष्टमगो राहुः शनि-सूर्यावलोकितः।**
निरीक्षितः शुभैः कुर्यादष्टद्वादशभिः क्षयम्॥

— मानसागरी अ० 4/22, पृ० 263

परिणाम — लग्न से अष्टम घर में स्थित राहु यदि शनि सूर्य से देखा जाता हो तो अष्टम में और शुभग्रह दृष्ट हो तो बारहवें वर्ष में मृत्यु होती है।

सावधानी — उपरोक्त योग में गुरु या शुक्र केंद्र में हो, अथवा लग्नेश बलवान हो, शुभ ग्रहों से दृष्ट हो तो यह अरिष्ट योग भंग हो जाता है।

उपाय — जातक के गले में अभिमंत्रित मोतीयुक्त चंद्रयंत्र शीघ्र पहनावें।

(199)

निष्पत्ति — **एकः पापोऽष्टमस्थ ऽपि शत्रुक्षेत्रे यदा भवेत्।**
पापेन वीक्षितो वर्षान्मारयत्येव बालकम्॥

— मानसागरी अ० 4/28, पृ० 264

परिणाम — एक भी पापग्रह शत्रु क्षेत्री होकर लग्न से अष्टम घर में बैठा हो तथा उसे पापग्रह देखते हों तो उसको एक वर्ष में मारता है।

सावधानी — उपरोक्त योग में गुरु या शुक्र केंद्र में हो, अथवा लग्नेश बलवान हो, शुभ ग्रहों से दृष्ट हो तो यह अरिष्ट योग भंग हो जाता है।

उपाय — जातक के गले में अभिमंत्रित मोतीयुक्त चंद्रयंत्र शीघ्र पहनावें।

(200)

निष्पत्ति — **भौमभास्करमन्दाश्च शत्रुक्षेत्रऽष्टमे यदा।**
यमेन रक्षितोऽप्येष वर्षमात्रं स जीवति॥

— मानसागरी अ० 4/29, पृ० 265

परिणाम — मंगल सूर्य तथा शनि शत्रुक्षेत्री होकर अष्टम घर में हो तो वह बालक यदि यमराज से भी रक्षित हो तो भी एक वर्ष जीता है।

सावधानी — उपरोक्त योग में गुरु या शुक्र केंद्र में हो, अथवा लग्नेश बलवान हो, शुभ ग्रहों से दृष्ट हो तो यह अरिष्ट योग भंग हो जाता है।

उपाय — जातक के गले में अभिमंत्रित मोतीयुक्त चंद्रयंत्र शीघ्र पहनावें।

विशेष — यह योग मिथुन, कन्या, धनु एवं मकर लग्न में सटीक बैठता है।

(201)

निष्पत्ति — **वक्री शनि भौमगेहे केन्द्रे षष्ठेऽष्टमेऽपि वा।**
कुजेन बलिना दृष्टो हन्ति वर्षदये शिशुम्॥

— मानसागरी अ० 4/34, पृ० 265

परिणाम — वक्री शनि मंगल के धर का होकर केंद्र में या छठें आठवें घर में हो और बली मंगल उसे देखता हो तो वह दो वर्ष में मरता है।

सावधानी — उपरोक्त योग में गुरु या शुक्र केंद्र में हो, अथवा लग्नेश बलवान हो, शुभग्रहों से दृष्ट हो तो यह अरिष्ट योग भंग हो जाता है।

उपाय — जातक के गले में अभियंत्रित मोती युक्त चंद्र यंत्र शीघ्र पहनावें।

(202)

निष्पत्ति — **क्रूरक्षेत्रे यदा जीवो लग्नेशोऽस्तं गतो भवेत्।**
अकर्मा च तदा जातः सप्तवर्षाणि जीवति॥

— मानसागरी अ० 4/34, पृ० 265

परिणाम — पापग्रह की राशि का बृहस्पति हो और लग्नेश अस्तगत हो तो वह कुकर्मी होता है और सात वर्ष जीता है।

सावधानी — उपरोक्त योग में गुरु या शुक्र केंद्र में हो, अथवा लग्नेश बलवान हो, शुभग्रहों से दृष्ट हो तो यह अरिष्ट योग भंग हो जाता है।

उपाय — जातक के गले में अभिमंत्रित मोतीयुक्त चंद्रयंत्र शीघ्र पहनावें।

(203)

निष्पत्ति — **शनिक्षेत्रे यदा भानुर्भानुक्षेत्रे यदा शनिः।**
द्वादशे वत्सरे मृत्युनश्चितं तस्य जायते॥

— मानसागरी अ० 4/36, पृ० 266

परिणाम — शनि के घर में सूर्य और सूर्य के घर में शनि हो तो इस योग में जन्म लेनेवाले की बारहवें वर्ष में मृत्यु होती है।

सावधानी — उपरोक्त योग में गुरु या शुक्र केंद्र में हो, अथवा लग्नेश बलवान हो, शुभग्रहों से दृष्ट हो तो यह अरिष्ट योग भंग हो जाता है ।

उपाय — जातक के गले में अभिमंत्रित मोतीयुक्त चंद्रयंत्र शीघ्र पहनावें ।

विशेष — यह योग मिथुन, कर्क, सिंह, कन्या एवं मकर लग्न में ज्यादा मुखरित होता है ।

(204)

निष्पत्ति — **षष्ठेष्टमे वा मूर्तौच शत्रुक्षेत्रे यदा बुधः ।**
चतुर्वर्षैर्न्भवेन्मृत्युर्बालकस्य न संशयः ॥

— मानसागरी अ० 4/38, पृ० 266

परिणाम — छठें घर में या लग्न में शत्रुक्षेत्री होकर बुध हो तो उस बालक की चौथे वर्ष में मृत्यु होती है ।

सावधानी — उपरोक्त योग में गुरु या शुक्र केंद्र में हो, अथवा लग्नेश बलवान हो, शुभग्रहों से दृष्ट हो तो यह अरिष्ट योग भंग हो जाता है ।

उपाय — जातक के गले में अभिमंत्रित मोतीयुक्त चंद्रयंत्र शीघ्र पहनावें ।

विशेष — यह योग तुला लग्न पर घटित होता है ।

(205)

निष्पत्ति — **भौमे क्षेत्रे यदा जीवो षष्ठे वाऽप्यष्टमें विधुः ।**
षष्ठेऽष्टमे भवेन्मृत्यु रक्षको यदि शंकरः ॥

— मानसागरी अ० 4/61, पृ० 269

परिणाम — मंगल के क्षेत्र का बृहस्पति हो और छठे आठवें घर में चंद्रमा हो तो उसकी जो शिव जी भी रक्षा करें, तो भी छठें आठवें वर्ष में मृत्यु हो जाती है ।

सावधानी — उपरोक्त योग में गुरु या शुक्र केंद्र में हो, अथवा लग्नेश बलवान हो, शुभग्रहों से दृष्ट हो तो यह अरिष्ट योग भंग हो जाता है ।

उपाय — जातक के गले में अभिमंत्रित मोतीयुक्त चंद्रयंत्र शीघ्र पहनावें ।

विशेष — यह योग मेष और वृश्चिक लग्न में ज्यादा सटीक बैठता है ।

(206)

निष्पत्ति — **द्वादशे जीवशुक्रौ च जन्मतो राहुरेव च ।**
सप्तमे च यदा सौरिर्वर्षमेकं स जीवति ॥

— मानसागरी अ० 4/64, पृ० 270

परिणाम — लग्न से बारहवें में गुरु शुक्र और राहु हो तथा लग्न से सप्तम में शनि हो तो वह एक वर्ष जीता है ।

सावधानी — उपरोक्त योग में गुरु या शुक्र केंद्र में हो, अथवा लग्नेश बलवान हो, शुभग्रहों से दृष्ट हो तो यह अरिष्ट योग भंग हो जाता है ।

उपाय — जातक के गले में अभिमंत्रित मोतीयुक्त चंद्रयंत्र शीघ्र पहनावें ।

विशेष — यह योग तुला एवं मीन लग्न में सटीक बैठता है ।

(207)

निष्पत्ति — **भौमे दिवाकरे छिद्रे जातः शत्रुगृहे यदि।**
स नरो म्रियतेऽवश्यं यमो मासेन रक्षकः ।।

— मानसागरी अ० 4/65, पृ० 270

परिणाम — शत्रु घर के होकर मंगल या सूर्य अष्टम में बैठे हों तो यदि यम भी रक्षा करें तो भी जातक एक मास में मर जाता है ।

सावधानी — उपरोक्त योग में गुरु या शुक्र केंद्र में हो, अथवा लग्नेश बलवान हो, शुभग्रहों से दृष्ट हो तो यह अरिष्ट योग भंग हो जाता है ।

उपाय — जातक के गले में अभिमंत्रित मोतीयुक्त चंद्रयंत्र शीघ्र पहनावे ।

विशेष — यह योग मिथुन एवं कर्क लग्न में सटीक बैठता है ।

तत्काल मृत्यु योग

(208)

निष्पत्ति — **षष्ठाऽष्टमेऽपि चन्द्रः सद्यो मरणाय पापसंदृष्टः।**
अष्टाभिः शुभदृष्टो वर्षैर्मिश्रैस्तदर्द्धेन ॥ व० मि०

—मानसागरी अ० 4/13, पृ० 262

परिणाम — लग्न से छठें आठवें में पापग्रह से दृष्ट चंद्रमा हो तो बालक की तत्काल मृत्यु करता है। यदि शुभग्रहों से दृष्ट चंद्रमा छठें या आठवें घर में स्थित हो तो उस बालक की अष्टम वर्ष में मृत्यु करता है। यदि शुभाशुभ ग्रहों से दृष्ट चंद्रमा छठें आठवें घर में हो तब उस बालक की मृत्यु चार वर्ष में होती है।

सावधानी — उपरोक्त योग में गुरु या शुक्र केंद्र में हो, अथवा लग्नेश बलवान हो, शुभग्रहों से दृष्ट हो तो यह अरिष्ट योग भंग हो जाता है।

उपाय—
1. शीघ्र महामृत्युंजय का प्रयोग करावें।
2. बालक के गले में मोतीयुक्त चंद्रयंत्र एवं रक्षाकवच पहनावें।

(209)

निष्पत्ति — **शुभलग्ने यदा जीवो ह्यष्टमे च शनैश्चः।**
रन्ध्रसंस्थे च पापे च सद्यो मृत्युप्रदो भवेत्॥

—मानसागरी अ० 4/15, पृ० 262

परिणाम — शुभग्रह के लग्न में बृहस्पति हो, अष्टम घर में शनि हो और उसी घर में अन्य पापग्रह भी हों तो जल्दी मृत्यु देने वाले होते हैं।

सावधानी — उपरोक्त योग में गुरु या शुक्र केंद्र में हो, अथवा लग्नेश बलवान हो, शुभग्रहों से दृष्ट हो तो यह अरिष्ट योग भंग हो जाता है।

उपाय—
1. शीघ्र महामृत्युंजय का जाप करावें।
2. बालक के गले में मोतीयुक्त चंद्रयंत्र एवं रक्षाकवच पहनावें।

(210)

निष्पत्ति — **चतुर्थे नवमे सूर्ये त्वष्टमे च बृहस्पतौ।**
द्वादशे च शशांके च सद्यो मृत्युकरो भवेत्॥

—मानसागरी अ० 4/16, पृ० 262

परिणाम — लग्न से चौथे या नवें घर में सूर्य, अष्टम में बृहस्पति और बारहवें में चंद्रमा हो तो उस मनुष्य की तत्काल मृत्यु होती है।

सावधानी — उपरोक्त योग में गुरु या शुक्र केंद्र में हो, अथवा लग्नेश बलवान हो, शुभग्रहों से दृष्ट हो तो यह अरिष्ट योग भंग हो जाता है ।

उपाय— 1. शीघ्र महामृत्युंजय का जाप करावें ।

2. बालक के गले में मोतीयुक्त चंद्रयंत्र एवं रक्षाकवच पहनावें ।

विशेष — यह योग कर्क व तुला लग्न में सटीक बैठता है ।

(211)

निष्पत्ति — **गुरुर्मन्दगृहे वक्री मन्दगौ बुधभास्करौ।**
ईप्सितं कुरुते मृत्युं मन्दे चैकादशे ध्रुवम्॥

—मानसागरी अ० 4/18, पृ० 263

परिणाम — बृहस्पति वक्री होकर शनि के घर में हो और बुध सूर्य सप्तम भाव में हो तो जातक वांछित मृत्यु को पाता है और एकादश में शनि हो तो शीघ्र ही मृत्यु पाता है ।

सावधानी — उपरोक्त योग में गुरु या शुक्र केंद्र में हो, अथवा लग्नेश बलवान हो, शुभग्रहों से दृष्ट हो तो यह अरिष्ट योग भंग हो जाता है ।

उपाय— 1. शीघ्र महामृत्युंजय का जाप करावें ।

2. बालक के गले में मोतीयुक्त चंद्रयंत्र एवं रक्षाकवच पहनावें ।

(212)

निष्पत्ति — **धने राहुर्बुधः शुक्रः सौरिः सूर्यो यदा स्थितः ।**
तत्र जातस्य मृत्युः स्यान्मृते पितरि जायते॥

—मानसागरी अ० 4/23, पृ० 264

परिणाम — लग्न से दूसरे घर में राहु, शुक्र, शनि, सूर्य हों तो वह पिता के मरने के पश्चात् जन्म लेता है और खुद भी थोड़े दिनों बाद मर जाता है ।

सावधानी — उपरोक्त योग में गुरु या शुक्र केंद्र में हो, अथवा लग्नेश बलवान हो, शुभग्रहों से दृष्ट हो तो यह अरिष्ट योग भंग हो जाता है ।

उपाय— 1. शीघ्र महामृत्युंजय का प्रयोग करावें ।

2. बालक के गले में मोतीयुक्त चंद्रयंत्र एवं रक्षाकवच पहनावें ।

(213)

निष्पत्ति — **व्यये राहुः सौरिसौम्यौ जीवो लग्ने च पंचमे ।**
अत्र योगे च यो जातो जातमात्रः स नश्यति ।'

—मानसागरी अ० 4/24, पृ० 264

परिणाम — लग्न से बारहवें में राहु, शनि, बुध हो, गुरु लग्न या पंचम में हो तो जातक जन्म लेते ही मर जाता है ।

सावधानी — उपरोक्त योग में गुरु या शुक्र केंद्र में हो, अथवा लग्नेश बलवान हो, शुभग्रहों से दृष्ट हो तो यह अरिष्ट योग भंग हो जाता है ।

उपाय— 1. शीघ्र महामृत्युंजय का जाप करावें ।
2. बालक के गले में मोतीयुक्त चंद्रयंत्र एवं रक्षाकवच पहनावें ।

विशेष — यह योग मिथुन, कन्या, मकर एवं कुंभ लग्न में सटीक बैठता है ।

(214)

निष्पत्ति — **लग्नस्थश्च यदा भानुः पंचमस्थो निशाकरः ।**
अष्टमस्था यदा पापस्तदा जातो न जीवति ॥

—मानसागरी अ० 4/31, पृ० 265

परिणाम — लग्न में सूर्य, पंचम घर में चंद्रमा हो और पापीग्रह सब अष्टम घर में हों तो जन्म लेने वाला नहीं जीता है ।

सावधानी — उपरोक्त योग में गुरु या शुक्र केंद्र में हो, अथवा लग्नेश बलवान हो, शुभग्रहों से दृष्ट हो तो यह अरिष्ट योग भंग हो जाता है ।

उपाय— 1. शीघ्र महामृत्युंजय का प्रयोग करावें ।
2. बालक के गले में मोतीयुक्त चंद्रयंत्र एवं रक्षाकवच पहनावें ।

(215)

निष्पत्ति — **शनिराहुकुजैयुक्तः सप्तमे नवमे शशी ।**
सप्तमे दिवसे हन्ति मासे वा सप्तमें शिशुम् ॥

—मानसागरी अ० 4/32, पृ० 265

अथवा

चन्द्रः सप्तमभवने शनिभौमराहुयुतो भवति ।
सप्तमदिवसे मृत्युः सप्तममासे न सन्देहः ॥

—मानसागरी अ० 4/60, पृ० 269

परिणाम — शनि, राहु तथा मंगल से युक्त चंद्रमा सप्तम या नवम घर में हो तो बालक सातवें दिन या सातवें मास में मर जाता है ।

सावधानी — उपरोक्त योग में गुरु या शुक्र केंद्र में हो, अथवा लग्नेश बलवान हो, शुभग्रहों से दृष्ट हो तो यह अरिष्ट योग भंग हो जाता है ।

उपाय— 1. शीघ्र महामृत्युंजय का जाप करावें ।
2. बालक के गले में मोतीयुक्त चंद्रयंत्र एवं रक्षाकवच पहनावें ।

(216)

निष्पत्ति — **अष्टमस्थो यदा राहुः केन्द्रस्थाने च चन्द्रमाः।**
सद्य एव भवेन्मृत्युर्बालकस्य न संशयः ॥

—मानसागरी अ० 4/39, पृ० 266

परिणाम — लग्न से अष्टम घर में राहु और केंद्र में चंद्रमा हो तो उस बालक की तत्काल मृत्यु होती है।

सावधानी — उपरोक्त योग में गुरु या शुक्र केंद्र में हो, अथवा लग्नेश बलवान हो, शुभग्रहों से दृष्ट हो तो यह अरिष्ट योग भंग हो जाता है।

उपाय—
1. शीघ्र महामृत्युंजय का प्रयोग करावें।
2. बालक के गले में मोतीयुक्त चंद्रयंत्र एवं रक्षाकवच पहनावें।

(217)

निष्पत्ति — **चतुर्थस्थो यदा राहुः षष्ठाऽष्टमगृहे शशी।**
विंशत्या दिवसैर्मृत्युर्बालकस्य न संशयः ॥

—मानसागरी अ० 4/40, पृ० 266

परिणाम — चतुर्थ घर में राहु और छठें आठवें घर में चंद्रमा हो तो उसकी बीस दिन में मृत्यु हो जाती है।

सावधानी — उपरोक्त योग में गुरु या शुक्र केंद्र में हो, अथवा लग्नेश बलवान हो, शुभग्रहों से दृष्ट हो तो यह अरिष्ट योग भंग हो जाता है।

उपाय—
1. शीघ्र महामृत्युंजय का प्रयोग करावें।
2. बालक के गले में मोतीयुक्त चंद्रयंत्र एवं रक्षाकवच पहनावें।

(218)

निष्पत्ति — **द्वादशस्थो यदा चंद्रः पापः स्यादष्टमे गृहे।**
एकमासे भवेन्मृत्युस्तस्य बालस्य निश्चितम् ॥

—मानसागरी अ० 4/42, पृ० 267

परिणाम — लग्न से बारहवें घर में चंद्रमा हो और अष्टम घर में पापग्रह हो तो उस बालक की एक मास के भीतर मृत्यु होती है।

सावधानी — उपरोक्त योग में गुरु या शुक्र केंद्र में हो, अथवा लग्नेश बलवान हो, शुभग्रहों से दृष्ट हो तो यह अरिष्ट योग भंग हो जाता है।

उपाय—
1. शीघ्र महामृत्युंजय का प्रयोग करावें।
2. बालक के गले में मोतीयुक्त चंद्रयंत्र एवं रक्षाकवच पहनावें।

(219)

निष्पत्ति — **लग्नेऽष्टमे यदा राहुश्चन्द्रेश यदि दृश्यते।**
दशाहैर्जायते तस्य बालस्य मरणं ध्रुवम्॥

—मानसागरी अ० 4/48, पृ० 267

परिणाम — राहु लग्न या अष्टम में हो और चंद्रमा से दृष्ट हो तो उस बालक का दस दिन के भीतर मरण हो जाता है।

सावधानी — उपरोक्त योग में गुरु या शुक्र केंद्र में हो, अथवा लग्नेश बलवान हो, शुभग्रहों से दृष्ट हो तो यह अरिष्ट योग भंग हो जाता है।

उपाय—
1. शीघ्र महामृत्युंजय का प्रयोग करावें।
2. बालक के गले में मोतीयुक्त चंद्रयंत्र एवं रक्षाकवच पहनावें।

(220)

निष्पत्ति — **लग्नाच्च नवमे सूर्यः सूर्यपुत्रे तथाऽष्टमे।**
एकादशे भार्गवे च मासमेकं स जीवति॥

—मानसागरी अ० 4/49, पृ० 268

परिणाम — जिसकी कुंडली में लग्न से नवम में सूर्य हो और अष्टम में शनि हो और 11वें शुक्र हो तो वह बालक एक मास जीता है।

सावधानी — उपरोक्त योग में गुरु या शुक्र केंद्र में हो, अथवा लग्नेश बलवान हो, शुभग्रहों से दृष्ट हो तो यह अरिष्ट योग भंग हो जाता है।

उपाय—
1. शीघ्र महामृत्युंजय का प्रयोग करावें।
2. बालक के गले में मोतीयुक्त चंद्रयंत्र एवं रक्षाकवच पहनावें।

(221)

निष्पत्ति — **जन्मसप्तमभे सौरिरष्टमे यदि चन्द्रमाः।**
ब्रह्मपुत्रो यदा जातः सोऽपि बालो न जीवति।

—मानसागरी अ० 4/62, पृ० 270

परिणाम — लग्न या सप्तम घर में शनि हो और अष्टम घर में चंद्रमा हो तो ब्रह्मा का पुत्र भी होवे तो भी नहीं जीता है।

सावधानी — उपरोक्त योग में गुरु या शुक्र केंद्र में हो, अथवा लग्नेश बलवान् हो, शुभग्रहों से दृष्ट हो तो यह अरिष्ट योग भंग हो जाता है।

उपाय—
1. शीघ्र महामृत्युंजय का जाप करावें।
2. बालक के गले में मोतीयुक्त चंद्रयंत्र एवं रक्षाकवच पहनावें।

(222)

निष्पत्ति — **षष्ठऽष्टमे यदा चन्द्रो रविर्भवति सप्तमः।**
पितृमातृधनं हन्ति मासमेकं स जीवति॥

—मानसागरी अ० 4/63, पृ० 270

परिणाम — लग्न से छठें आठवें घर में चंद्रमा और सप्तम घर में सूर्य हो तो वह माता-पिता के धन का नाश कर केवल एक मास भर जीता है।

सावधानी — उपरोक्त योग में गुरु या शुक्र केंद्र में हो, अथवा लग्नेश बलवान हो, शुभग्रहों से दृष्ट हो तो यह अरिष्ट योग भंग हो जाता है।

उपाय—
1. शीघ्र महामृत्युंजय का जाप करावें।
2. बालक के गले में मोतीयुक्त चंद्रयंत्र एवं रक्षाकवच पहनावें।

(223)

निष्पत्ति — **यदा लग्ने ग्रहः क्रूरो षष्ठे वाऽप्यष्टमे विधुः।**
तदा सद्यो भवेन्मृत्युर्जातिकस्य न संशयः॥

—मानसागरी अ० 4/66, पृ० 270

परिणाम — लग्न में क्रूर ग्रह हों और छठें या आठवें में चंद्रमा हो तो इस योग में जन्म लेने वाले की तत्काल मृत्यु होती है।

सावधानी — उपरोक्त योग में गुरु या शुक्र केंद्र में हो, अथवा लग्नेश बलवान हो, शुभग्रहों से दृष्ट हो तो यह अरिष्ट योग भंग हो जाता है।

उपाय—
1. शीघ्र महामृत्युंजय का प्रयोग करावें।
2. बालक के गले में मोतीयुक्त चंद्रयंत्र एवं रक्षाकवच पहनावें।

(224)

निष्पत्ति — **लग्नेऽष्टमे यदा राहुश्चन्द्रो वा यदि पश्यति।**
जातकस्य तदा मृत्युर्यदि शक्रेण रक्षितः॥

—मानसागरी अ० 4/69, पृ० 271

परिणाम — लग्न में या अष्टम में चंद्रमा से दृष्ट राहु हो तो उसकी यदि इंद्र भी रक्षा करें तो भी नहीं जीता है।

सावधानी — उपरोक्त योग में गुरु या शुक्र केंद्र में हों, अथवा लग्नेश बलवान हो, शुभग्रहों से दृष्ट हो तो यह अरिष्ट योग भंग हो जाता है।

उपाय—
1. शीघ्र महामृत्युंजय का प्रयोग करावें।
2. बालक के गले में मोतीयुक्त चंद्रयंत्र एवं रक्षाकवच पहनावें।

(225)

निष्पत्ति — **लग्नस्थितो यदा भानुः पंचमस्थो निशापतिः ।**
लग्नेऽष्टमे स्थिताः पापास्तदा जातो न जीवति ।

—मानसागरी अ० 4/71, पृ० 271

परिणाम — लग्न में सूर्य और पंचम में चंद्रमा हो तथा कोई पापग्रह लग्न या अष्टम में हो तो वह बालक नहीं जीता है ।

सावधानी — उपरोक्त योग में गुरु या शुक्र केंद्र में हो, अथवा लग्नेश बलवान हो, शुभग्रहों से दृष्ट हो तो यह अरिष्ट योग भंग हो जाता है ।

उपाय— 1. शीघ्र महामृत्युंजय का जाप करावें ।
2. बालक के गले में मोतीयुक्त चंद्रयंत्र एवं रक्षाकवच पहनावें ।

(226)

निष्पत्ति — **लग्नात्सप्तमशीतांशुः पापोऽष्टमगतो ग्रहः ।**
लग्नस्थितो यदा भानुर्मासेन म्रियते शिशुः ॥

—मानसागरी अ० 4/72, पृ० 271

परिणाम — लग्न से सप्तम में चंद्रमा और लग्न में सूर्य, अष्टम में पाप ग्रह हों तो इस योग में जन्म लेने वाला एक मास में मृत्यु पाता है ।

सावधानी — उपरोक्त योग में गुरु या शुक्र केंद्र में हो, अथवा लग्नेश बलवान हो, शुभग्रहों से दृष्ट हो तो यह अरिष्ट योग भंग हो जाता है ।

उपाय— 1. शीघ्र महामृत्युंजय का प्रयोग करावें ।
2. बालक के गले में मोतीयुक्त चंद्रयंत्र एवं रक्षाकवच पहनावें ।

(227)

निष्पत्ति — **शुक्रे च वाक्पतौ सौम्ये नीचे राहुसमन्विते ।**
न दृश्यते च चन्द्रेण सोपि बालो न जीवति ।

—मानसागरी अ० 4/82, पृ० 273

परिणाम — बृहस्पति, शुक्र, बुध इन तीनों में से कोई ग्रह राहुयुक्त नीच के हों और उन्हें चंद्रमा न देखता हो तो वह भी नहीं जीता है ।

सावधानी — उपरोक्त योग में गुरु या शुक्र केंद्र में हो, अथवा लग्नेश बलवान हो, शुभग्रहों से दृष्ट हो तो यह अरिष्ट योग भंग हो जाता है ।

उपाय— 1. शीघ्र महामृत्युंजय का प्रयोग करावें ।
2. बालक के गले में मोतीयुक्त चंद्रयंत्र एवं रक्षाकवच पहनावें ।

(228)

निष्पत्ति — **षष्ठाऽष्टमे यदा चन्द्रो द्वादशे रविमंगलौ।**
सोऽपि जातो न जीवेत रक्षते यदि शंकः ॥

—मानसागरी अ० 4/83, पृ० 273

परिणाम — छठें आठवें घर में चंद्रमा और बारहवें घर में सूर्य, मंगल हो तो इस योग में जन्म लेने वाले की शिवजी भी रक्षा करें तो भी मृत्यु का भागी होता है।

सावधानी — उपरोक्त योग में गुरु या शुक्र केंद्र में हो, अथवा लग्नेश बलवान हो, शुभग्रहों से दृष्ट हो तो यह अरिष्ट योग भंग हो जाता है।

उपाय— 1. शीघ्र महामृत्युंजय का प्रयोग करावें।
2. बालक के गले में मोतीयुक्त चंद्रयंत्र एवं रक्षाकवच पहनावें।

विशेष — यह योग मेष या वृश्चिक एवं कुंभ लग्न में सही बैठता है।

(229)

निष्पत्ति — **षष्ठाऽष्टमे यदा केतुः केन्द्री भवति चन्द्रमाः।**
सद्यो बालकमृत्युः स्याद्रक्षिता यदि शंकरः ॥

—मानसागरी अ० 4/84, पृ० 273

परिणाम — छठें आठवें में केतु और केंद्र (1/4/7/10) में चंद्रमा हो तो शंकर के रक्षा करने पर भी बालक मर जाता है।

सावधानी — उपरोक्त योग में गुरु या शुक्र केंद्र में हो, अथवा लग्नेश बलवान हो, शुभग्रहों से दृष्ट हो तो यह अरिष्ट योग भंग हो जाता है।

उपाय— 1. शीघ्र महामृत्युंजय का जाप करावें।
2. बालक के गले में मोतीयुक्त चंद्रयंत्र एवं रक्षाकवच पहनावें।

(230)

निष्पत्ति — **रवि-राहु सौरि-भौमौ जीवो लग्ने च पंचमे।**
योगेऽस्मिन्नपि यो जातो जातमात्रो विनश्यति॥

—मानसागरी अ० 4/87, पृ० 273

परिणाम — रवि, राहु, शनि, मंगल, गुरु लग्न अथवा पांचवें स्थान में हो तो जातक तुरंत मर जाता है।

सावधानी — उपरोक्त योग में गुरु या शुक्र केंद्र में हो, अथवा लग्नेश बलवान हो, शुभग्रहों से दृष्ट हो तो यह अरिष्ट योग भंग हो जाता है।

उपाय— 1. शीघ्र महामृत्युंजय का जाप करावें।

2. बालक के गले में मोतीयुक्त चंद्रयंत्र एवं रक्षाकवच पहनावें।

विशेष — यह योग मेष, सिंह एवं मकर लग्न में सटीक बैठता है।

कष्ट जीवन योग

(231)

निष्पत्ति — **धने क्रूरः स्वभवने क्रूरः पातालगो यदा।**
दशमे भवने क्रूरः कष्टं जीवति जातकः॥

—मानसागरी अ० 4/8, पृ० 261

परिणाम — लग्न से दूसरे घर में स्वराशि का होकर कोई क्रूर ग्रह हो और चौथे घर में और दशम घर में भी क्रूर हो तो वह बहुत कष्ट से जीता है।

उपाय — लग्न को बलवान करने हेतु लग्नेश का रत्नयुक्त यंत्र धारण करें।

विशेष — यह योग कर्क, तुला, धनु, मकर एवं मीन लग्नों में सटीक बैठता है।

(232)

निष्पत्ति — **स्मरे व्यये च सहजे मध्ये क्रूरा यदा ग्रहाः।**
तदा जातस्य बालस्य शरीरे कष्टमादिशेत्॥

—मानसागरी अ० 4/9, पृ० 262

परिणाम — सातवें, बारहवें, तीसरे तथा दसवें घर में क्रूर ग्रह हों तो इस योग में जन्म लेंने वाले के शरीर में कष्ट होना चाहिए।

उपाय — लग्न को बलवान करने हेतु लग्नेश का रत्नयुक्त यंत्र धारण करें।

(233)

निष्पत्ति — **जीवार्कराहुभौमाः स्युश्चत्वारः क्रूरवेश्मगाः।**
सप्तमे च गृहे शुक्रो देहकष्टकराः सदा।

—मानसागरी अ० 4/25, पृ० 264

परिणाम — बृहस्पति, सूर्य, राहु तथा मंगल ये चारों ग्रह क्रूर ग्रह के घर में बैठे हों और लग्न से सप्तम घर में शुक्र हो तो ये सदा देह में कष्ट करने वाले होते हैं।

उपाय — लग्न को बलवान करने हेतु लग्नेश का रत्नयुक्त यंत्र धारण करें।

विशेष — यह योग मिथुन, कर्क, सिंह, कन्या, धनु, कुंभ एवं मीन लग्न में सही घटित होता है।

(234)

निष्पत्ति — क्रूरे क्षेत्रे भवेत्सूर्यः कन्यायां क्रूरसंस्थितः ।
क्रूरक्षेत्रे भवेद्राहुः कष्टं जीवति जातकः ॥

—मानसागरी अ० 4/81, पृ० 273

परिणाम — क्रूर ग्रह के घर में सूर्य हो और क्रूर ग्रह कन्या राशि में भी हो और क्रूर क्षेत्र में राहु हो तो इस योग में जन्मा मनुष्य कठिनता से जीता है ।

उपाय — लग्न को बलवान करने हेतु लग्नेश का रत्नयुक्त यंत्र धारण करें ।

कुटुंब नाशक योग

(235)

निष्पत्ति — चतुर्थे राहु सौरार्काः षष्ठे चन्द्रो बुधः कुजः ।
भार्गवश्चाऽत्र यो जातः स गृहस्य क्षयंकरः ॥

—मानसागरी अ० 4/27, पृ० 264

परिणाम — चतुर्थ घर में राहु, सूर्य तथा शनि हों और चंद्र, बुध, मंगल, शुक्र तथा छठें घर में स्थित हों तो जन्म लेने वाला अपने घर का नाश करता है ।

(236)

निष्पत्ति — नवमे दशमे चन्द्रः सप्तमे च यदा सितः ।
पापे पातालसंस्थे च वंशच्छेदकरो नरः ॥

—मानसागरी अ० 4/50, पृ० 268

परिणाम — लग्न से नवम या दशम में तो चंद्रमा और सप्तम घर में शुक्र, और चतुर्थ घर में कोई पापग्रह हो तो वह बालक अपने वंश का नाश करने वाला होता है ।

मातृघातक योग

(237)

निष्पत्ति — अर्कः सौरिस्तथा भौम्: स्वर्भानुः केतुसयुतः ।
नीचस्थानस्थितो यस्य स जातो मातृघातकः ॥

—मानसागरी अ० 4/86, पृ० 273

परिणाम — सूर्य, शनि, मंगल इनमें कोई ग्रह यदि राहु-केतु से युत होकर नीच में हो तो जातक मातृघातक होता है ।

विशेष — यह योग मेष, वृष, सिंह, कुंभ, मीन लग्नों में ज्यादा सही घटित होता है ।

देह कष्ट योग

(238)

निष्पत्ति — यदि लग्नाधिपति अशुभ ग्रह से युक्त हो या 8वें भाव में स्थित हो तो देह कष्ट योग बनता है ।

परिणाम — जातक शारीरिक सुख से वंचित रहेगा ।

उपाय — लग्नेश का रत्न सहित यंत्र धारण करें ।

(239)

निष्पत्ति — **सपापे गेशे त्रिके देहसौख्यं न ।** *—जातकतत्व 3/11*

परिणाम — पापग्रह से युक्त लग्नेश्वर 6/7/12 स्थान में होवे तो देह सुख नहीं होवे ।

उपाय — लग्नेश का रत्न सहित यंत्र धारण करें ।

(240)

निष्पत्ति — **लग्ने पापो लग्नेशे च हीनवीर्ये देहसौख्यं न ।** *—जातकतत्व 3/12*

परिणाम — लग्न में 2/3 पापग्रह होवें और लग्न का स्वामी हीनबली होवे तो देह सुख नहीं होवे ।

उपाय — लग्नेश का रत्न सहित यंत्र धारण करें ।

शरीर कष्ट योग

(241)

निष्पत्ति — **लग्नखेटे रिपुनीचभागे दुःस्थानपे देहसुखं न याति ।**

—जातक पारिजात

परिणाम — लग्नस्थ ग्रह शत्रुनवांश में अथवा नीच नवांश में स्थित होकर

6/7/12 स्थान का स्वामी होवे तो शरीर को सुख नहीं मिलेगा।

उपाय — लग्नेश का रत्न सहित यंत्र धारण करें।

(242)

निष्पत्ति— लग्नाधिपे नाशगते तु शुष्क राशौ तनोः कष्टमतीवकृच्छम्

—जातक पारिजात

परिणाम — लग्न का स्वामी अष्टम स्थान में शुष्क राशि में हो तो शरीर को बहुत कष्ट होवे।

उपाय — लग्नेश का रत्न मंत्रपूत करके गले में धारण करें।

(243)

निष्पत्ति — **लग्ने शत्रुपतौ फणिध्वजयुते देहव्रणं देहिनाम्॥** *—जातक पारिजात*

परिणाम — लग्न में राहु या केतु के साथ षष्ठ स्थान का स्वामी हो तो शरीर को व्रण पीड़ा होती है।

उपाय — लग्नेश का रत्न मंत्रपूरित करके गले में धारण करें।

(244)

निष्पत्ति — **दिनेशचंद्रौ रविराशियुक्तौ**
चंद्रर्क्षगौ वा यदि शौषणं तत्।
रंध्रारिवित्तांत्यगता ग्रहेंद्रा
दिनेशचंद्रा रयमाः क्रमेण॥ *—बृहद्योगरत्नाकर पृ० 15*

परिणाम — जन्म में सूर्य, चंद्रमा दोनों सिंह राशि में हों और सूर्य-चंद्रमा कर्क राशि में हो तो शरीर को सुख नहीं रहता और आठवें, छठे, दूसरे, बारहवें स्थान में क्रम से सूर्य, चंद्रमा, मंगल, शनिश्चर हो तो शरीर को सुख नहीं मिलता।

उपाय — लग्नेश का रत्न मंत्रपूत करके गले में धारण करें।

कृशागं योग

(245)

निष्पत्ति — लग्नाधिपति को शुष्क राशि में स्थित होना चाहिए अथवा ऐसी राशि

में स्थित होना चाहिए जिसका अधिपति शुष्क ग्रह हो।

परिणाम — जातक का शरीर क्षीण एवं कमजोर होगा और शरीर में पीड़ा से पीड़ित रहेगा।

उपाय — लग्नेश का मंत्रपूत रत्न धारण करें।

(246)

निष्पत्ति — नवांश लग्न का अधिपति शुष्क ग्रह होना चाहिए और लग्न को अशुभ ग्रह से युक्त होना चाहिए।

परिणाम — जातक का शरीर क्षीण एवं कमजोर होगा और शरीर की पीड़ा से पीड़ित रहेगा।

उपाय — लग्नेश का मंत्रपूत रत्न धारण करें।

कृश शरीर योग

(247)

निष्पत्ति — **शनिचंद्रौ मेषे देहकार्श्य।** *—जातकतत्व 3/13*

परिणाम — मेष राशि में शनि चंद्रयुक्त होवे तो शरीर दुर्बल रहता है।

उपाय — मंगल यंत्र धारण करें, यंत्र में सवाचार रत्ती का मूंगा होना चाहिए।

(248)

निष्पत्ति— **अंते हे लग्नकेन्द्रगे वक्रे देहकार्श्य।** *—जातकतत्व 3/14*

परिणाम — बारहवें स्थान में सूर्य और केंद्र 1/4/7/10 स्थान में मंगल होवे तो शरीर कृश रहता है।

उपाय — मंगल यंत्र धारण करें, यंत्र में सवाचार रत्ती का मूंगा होना चाहिए।

(249)

निष्पत्ति— **लग्नेशाधिष्ठित भेशस्त्रिके देहकार्श्य॥** *—जातकतत्व 3/15*

परिणाम — लग्नेश्वर जिस राशि में स्थित होवे उस राशि का स्वामी त्रिके (6/7/12) स्थान में स्थित होवे तो देह कृश होवे।

उपाय — मंगल यंत्र धारण करें, यंत्र में सवाचार रत्ती का मूंगा होना चाहिए।

(250)

निष्पत्ति — **शुष्कांगे शुष्कग्रहे देहकार्श्य।** —*जातकतत्व 3/16*

परिणाम — शुष्कराशि (1/2/3/5/6/9) के लग्न में शुष्क ग्रह सूर्य, मंगल, बुध, गुरु, शनि स्थित होवे तो देह कृश होवे।

उपाय — मंगल यंत्र धारण करें, यंत्र में सवाचार रत्ती का मूंगा होना चाहिए।

(251)

निष्पत्ति — **शुष्कयुतेगेंशे देहकार्श्य।** —*जातकतत्व 3/17*

परिणाम — लग्नेश्वर शुष्क ग्रह रवि, मंगल, शनि और शुष्क राशि में गए हुए बुध, गुरु से युक्त होवे तो देह कृश होवे।

उपाय — मंगल यंत्र धारण करें, यंत्र में सवाचार रत्ती का मूंगा होना चाहिए।

(252)

निष्पत्ति — **शुष्कग्रहर्क्षेगेंशे देहकार्श्य।** —*जातकतत्व 3/18*

परिणाम — लग्नेश्वर शुष्क ग्रह की राशि का होवे तो देह दुर्बल जानना चहिए।

उपाय — मंगल यंत्र धारण करें, यंत्र में सवाचार रत्ती का मूंगा होना चाहिए।

(253)

निष्पत्ति — **लग्नेशांशेषे शुष्के देहकार्श्य।** —*जातकतत्व 3/19*

परिणाम — लग्नपतिका नवांश स्वामी शुष्क ग्रह सूर्य, मंगल, शनि, बुध होवे तो दुर्बल देह होता है।

उपाय — मंगल यंत्र धारण करें, यंत्र में सवाचार रत्ती का मूंगा होना चाहिए।

(254)

निष्पत्ति — **शुष्कांगगैः पापैः देहकार्श्य।** —*जातकतत्व 3/20*

परिणाम — शुष्क राशि (1/2/3/5/6/9) के लग्न में 2/3 पापग्रह युक्त होवें तो देह दुर्बल होता है।

उपाय — मंगल यंत्र धारण करें, यंत्र में सवाचार रत्ती का मूंगा होना चाहिए।

दुर्बल शरीर योग

(255)

निष्पत्ति — **चंद्रंविना रूपदृष्टाया यदि पश्येच्छनैश्वरः ।**
निष्प्राणश्च तदा जंतुः सदा
जीवन्भवेद्ध्रुवं ॥ —*होरा रत्न*

परिणाम — लग्न को चंद्रमा न देखता हो, शनि देखता हो और लग्न में चंद्रमा नहीं हो तो शरीर दुर्बल रहता है ।

उपाय — मंगल यंत्र धारण करें, यंत्र में सवाचार रत्ती का मूंगा होना चाहिए ।

कृशशरीर योग

(256)

निष्पत्ति — **मेषे शशांके शनिना समेते**
लग्नें तिमे के मिथुनातिलग्ने ।
विमुक्तकेंद्रे धरणीतनूजे
भवेन्नराणां कृशता शरीरे ॥ —*होरा रत्न*

परिणाम — मेष राशि में चंद्रमा और शनि हो, द्वादश स्थान में सूर्य हो, केंद्र में मंगल न हो तो मनुष्य का शरीर कृश रहता है ।

उपाय — मंगल यंत्र धारण करें, यंत्र में सवाचार रत्ती का मूंगा होना चाहिए ।

दुर्बल देह योग

(257)

निष्पत्ति — **देहेशस्थितराशीशे नाशगे दुर्बलो भवेत् ।** —*जातक पारिजात*

परिणाम — लग्न का स्वामी जिस राशि में हो उस राशि का स्वामी अष्टम स्थान में हो तो शरीर दुर्बल होता है ।

उपाय — मंगल यंत्र धारण करें, यंत्र में सवाचार रत्ती का मूंगा होना चाहिए ।

कृश शरीर योग

(258)

निष्पत्ति — **रवौ सुखे पापदृशा समेते**
देहोष्णमाहुः सुखमाहुरार्याः । *—बृहद्योगरत्नाकर पृ० 16*

परिणाम — चौथे स्थान में सूर्य पापग्रहों से दृष्ट होवे तो शरीर में ऊष्णता रहने से शरीर दुर्बल रहता है ।

उपाय — मंगल यंत्र धारण करें, यंत्र में सवाचार रत्ती का मूंगा होना चाहिए ।

दुर्बल शरीर योग

(259)

निष्पत्ति — **वेशिस्थिते सूर्यसुते कुजे स्ते**
स्वस्थे विधौ हीनकले नरः स्यात् । *—जातकतत्व*

परिणाम — सूर्य से दूसरे स्थान में शनि, सप्तम में मंगल स्वराशि का चंद्रमा हो तो शरीर दुर्बल रहता है ।

उपाय — मंगल यंत्र धारण करें, यंत्र में सवाचार रत्ती का मूंगा होना चाहिए ।

हीनांग योग

(260)

निष्पत्ति — **भार्गवेण युतश्चन्द्रः षष्ठाष्टमगतो भवेत् ।**
मन्दाग्न्युदररोगी च हीनांगोऽपि च बालकः ॥

—मानसागरी अ० 4/44, पृ० 267

परिणाम — शुक्र युत चंद्रमा छठें आठवें घर में बैठा हो तो वह बालक मंदाग्नि रोग से युक्त और हीनांग होता है ।

उपाय—
1. महामृत्युंजय का जप करावें ।
2. शिवकवच धारण करें ।

(261)

निष्पत्ति — **हीनांगको भूमिसुते च तद्वत् ।** *—ज्योतिष शास्त्र संग्रह*

परिणाम — नवम या पंचम स्थान में मंगल स्थित हो और पापग्रह से दृष्ट हो तो मनुष्य अंगहीन होता है ।

उपाय— 1. महामृत्युंजय का जप करावें ।

2. शिवकवच धारण करें ।

(262)

निष्पत्ति — **चंद्रे खऽवनिजेऽस्तगे च विकलो यद्यर्कजो वेशिगः ।** —*ज्योतिष शास्त्र संग्रह*

परिणाम — जन्म समय में चंद्रमा दशम, मंगल सप्तम, शनिश्चर, सूर्य दूसरे स्थान में हो तो शरीर हीनांग होता है ।

उपाय— 1. महामृत्युंजय का जप करावें ।

2. शिवकवच धारण करें ।

(263)

निष्पत्ति — **सुतांके भौमे क्रूरैर्दृष्टे हीनांगः ।** —*जातकतत्व*

परिणाम — पंचम अथवा नवम स्थान में मंगल पापग्रह से दृष्ट हो तो शरीर हीन अंगोंवाला होता है ।

उपाय— 1. महामृत्युंजय का जप करावें ।

2. शिवकवच धारण करें ।

विकलांग शरीर योग

(264)

निष्पत्ति — **केंद्रस्थाः क्रूरा विकलांगः ।** —*जातकतत्व 3/37*

परिणाम — केंद्रस्थान में (1/4/7/10) क्रूर ग्रह स्थित होवें तो विकलांग होता है ।

उपाय— 1. महामृत्युंजय का जप करावें ।

2. शिवकवच धारण करें ।

(265)

निष्पत्ति — **केंद्रगौ पुष्पवंतौ विकलांगः ।** —*जातकतत्व 3/38*

परिणाम — केंद्रस्थान (1/4/7/10) में सूर्य होवे तो विकल शरीर होता है ।

उपाय— 1. महामृत्युंजय का जप करावें।
2. शिवकवच धारण करें।

(266)

निष्पत्ति — **चंद्रे खे भौमेस्ते मंदे वेशिगे विकलांगः।** *—जातकतत्व 3/39*

परिणाम — चंद्रमा दशम, मंगल सातवें शनिवेशि स्थान सूर्य से दूसरे में होवे तो जातक विकलांग होता है।

उपाय— 1. महामृत्युंजय का जप करावें।
2. शिवकवच धारण करें।

(267)

निष्पत्ति — **मंदेर्थे खचंद्रे ज्ञस्ते विकलांगः।** *—जातकतत्व 3/40*

परिणाम — शनि दूसरे, चंद्रमा दशवें बुध सातवें स्थान में स्थित होवे तो विकलांग होता है।

उपाय— 1. महामृत्युंजय का जप करावें।
2. शिवकवच धारण करें।

(268)

निष्पत्ति — **नीचगाः शुक्रेंदुमंदाः कुंभेर्के विकलांगः** *—जातकतत्व 3/41*

परिणाम — शुक्र, चंद्र, व शनि, ये तीन ग्रह नीच राशि में स्थित होवें और कुंभ राशि का सूर्य होवे तो जातक विकलांग होता है।

उपाय— 1. महामृत्युंजय का जप करावें।
2. शिवकवच धारण करें।

अंगभंग योग

(269)

निष्पत्ति — **अष्टमे च यदा सौरिर्जन्मस्थाने च चन्द्रमाः।**
मन्दाग्न्युदररोगी च गात्रहीनश्च जायते॥

—मानसागरी अ० 4/35, पृ० 265

परिणाम — अष्टम घर में शनि हो और लग्न में चंद्रमा हो तो वह मंदाग्नि (उदर का) रोगी तथा किसी अंग से हीन होता है।

उपाय— 1. महामृत्युंजय का जप करावें।
2. शिवकवच धारण करें।

(270)

निष्पत्ति — **बुधभौमे यदा लग्ने षष्ठस्थानेऽथवा स्थितौ।**
तस्करश्चौर्यकर्मा स्याद्हस्तपादौ च नश्चतः॥

—मानसागरी अ० 4/37, पृ० 266

परिणाम — लग्न में या छठे घर में बुध और मंगल हो तब वह मनुष्य चोरी के काम करने वाला होता है और उसके हाथ पांव नष्ट होते हैं।

उपाय— 1. महामृत्युंजय का जप करावें।
2. शिवकवच धारण करें।

अंग पीड़ा योग

(271)

निष्पत्ति — **वेशौ समंदे दशमे सचंद्रे**
वैकल्यभंगे क्षितिजे कलत्रे॥ *— सर्वार्थ चिंतामणि*

परिणाम — सूर्य से दूसरे स्थान में शनि, दशम से चंद्रमा, मंगल सप्तम में होवे तो अंग विकल होवे।

उपाय— 1. महामृत्युंजय का जप करावें।
2. शिवकवच धारण करें।

अंग हीनयोग

(272)

निष्पत्ति — **लग्नाद्दशमगः चंद्रः सप्तमस्थो धरासुतः।**
द्वितीयस्थानगो भानुः अंगहीनो भवेन्नरः॥ *— जातक पारिजात*

परिणाम — लग्न से दशम स्थान में चंद्रमा, सप्तम में मंगल, दूसरे घर में सूर्य हो तो जातक अंगहीन होता है।

उपाय— 1. महामृत्युंजय का जप करावें।
2. शिवकवच धारण करें।

(273)

निष्पत्ति — **मंदे मदस्थेऽहियुजे कुजे वा बलैर्विहीनेंगविहीनवाक् स्यात् ।**

— जातक पारिजात

परिणाम — सप्तम में शनि और मंगल, राहु के साथ हो और निर्बली हो तो जातक अंगहीन होता है ।

उपाय— 1. महामृत्युंजय का जप करावें ।
2. शिवकवच धारण करें ।

अंगच्छेद योग

(274)

निष्पत्ति — **चंद्रभौमैत्यदा लग्ने अंगच्छेदः प्रकीर्तितः**
लग्नेगेंदौ कलत्रस्थे भौमेगऽच्छेदवान्नरः ॥

— बृहद् योगरत्नाकर पृ० 17

परिणाम — जन्म समय में चंद्रमा, मंगल लग्न में हो तो अंगच्छेद होता है, अथवा लग्न में चंद्रमा, सप्तम स्थान में मंगल हो तो अंगच्छेद होता है ।

उपाय— 1. महामृत्युंजय का जाप करावें ।
2. शिवकवच धारण करें ।

अंगभग योग

(275)

निष्पत्ति — **कुजबुधगुरुशौरिभिः समेतै-**
रुशनासितुर्यमतेन्हिपाणिहानिः ।
व्ययरिपुगशनौ च पापदृष्टे
शनि कुजयोस्तमसोमुखे गुरौ वा ॥ *— होरा रत्न*

परिणाम — मंगल, बुध, बृहस्पति और शनिश्चर एक राशि में हों तो अंगहानि होती है । अगर चौथे स्थान में शुक्र हो तो हस्तनाश होता है । बारहवें और छठे स्थान में शनिश्चर पाप ग्रह से दृष्ट या शनिश्चर मंगल, राहु हो दूसरे स्थान में बृहस्पति हो तो हस्तनाश होता है ।

उपाय— 1. महामृत्युंजय का जप करावें ।
2. शिवकवच धारण करें ।

(276)

निष्पत्ति — चंद्रभौमौ यदा लग्ने अंगछेदः प्रकीर्तितः
लग्नगैंदौ कलत्रस्थे भौमेंगच्छेद ईरितः। — *होरा रत्न*

परिणाम — लग्न में चंद्र, मंगल का योग हो तो अंगच्छेद होता है।

उपाय— 1. महामृत्युंजय का जप करावें।
2. शिवकवच धारण करें।

शीर्षचिह्न योग

(277)

निष्पत्ति — लग्नात्सप्तमगो भौमः शुक्रो वापि बृहस्पतिः।
चिह्न मूर्ध्नि स्थितं ज्ञेयं जातकस्य न संशयः॥ — *जातक संग्रह*

परिणाम — लग्न से सातवें स्थान में मंगल, शुक्र या बृहस्पति इनमें से कोई भी हो तो शिर को चिह्न होता है।

वाम चिह्न योग

(278)

निष्पत्ति — जायास्थाने यदा राहुर्मंत्री वापि तनुस्थितः
वामे भुजे भवेच्चिह्नं
तिलमाषादिंक स्फुटम्॥ — *जातक संग्रह*

परिणाम — सप्तम स्थान में राहु, लग्न में बृहस्पति हो तो वामभुज पर तिल और माष का चिह्न होता है।

लिंग-गुद चिह्न योग

(279)

निष्पत्ति — कुजे सौम्येथवा लग्ने राहुः षष्टत्रिकोणगः
लिंगे गुदे भवे चिह्नं तिलमाषादिकं स्फुटम। — *जातक संग्रह*

परिणाम — लग्न में मंगल अथवा बुध हो, राहु छठे अगर त्रिकोण स्थान में 9/5 हो तो लिंग और गुद स्थान पर चिह्न होता है।

कुक्षिचिह्न योग

(280)

निष्पत्ति — त्रिकोणेपि भवेच्छुक्रो जीवसौम्यौ मृतिस्थितौ
पातालहिबुके मंदे कुक्षौ चिह्न समादिशेत्। — *जातक संग्रह*

परिणाम — त्रिकोण में शुक्र, अष्टम स्थान में बुध, बृहस्पति चौथे स्थान में शनेश्चर हो तो कुक्षि (बगल) में चिह्न होता है।

नाभिचिह्न योग

(281)

निष्पत्ति — धर्मस्थाने यदा शुक्रे त्वष्टमतेपि दिवाकरे
कर्मगौराहुमंदौ चेत् नाभौ चिह्न समादिशेत्। — *जातक संग्रह*

परिणाम — नवमे स्थान में शुक्र, अष्टम में सूर्य, दशम स्थान में शनि राहू हो तो नाभि पर चिन्ह होता है।

हृदिचिह्न योग

(282)

निष्पत्ति — व्ययस्थाने यदा मंत्री बुधोऽपि त्रिषंडयगः।
सहजस्थो यदा शुक्रो हृदि चिह्न समादिशेत्॥

— *जातक संग्रह*

परिणाम — व्यय 12 स्थान में बृहस्पति 3/6/11 स्थान में बुध, तृतीय स्थान में शुक्र हो तो हृदय में चिह्न होता है।

गुदचिह्न योग

(283)

निष्पत्ति — सहजस्थो यदा शुक्रो मंत्री वा त्रिषडायगः
धर्मस्थाने निशानाथे गुदे गोलकमादिशेत्। — *जातक संग्रह*

परिणाम — तीसरे घर में शुक्र, बृहस्पती 3/6/11 में, नवमें में चंद्रमा हो तो गुदस्थान पर चिह्न होता है।

सिरचिह्न योग

(284)

निष्पत्ति — **लग्नेश्वरे भूमिसुते तनुस्थे**
पापान्विते पापविलोकिते वा।
शिलाप्रहारैर्व्रणमुत्तमांगे
खड्गादिभिर्वा कथयंति तज्ज्ञाः ॥ *— सर्वार्थ चिंतामणि*

परिणाम — लग्न का स्वामी लग्न में पापग्रह के साथ हो और पापग्रह से दृष्ट हो तो पत्थर की चोट से शिर का व्रण होवे या खड्ग से होवे ऐसा पंडितों का मत है । अथवा ब्रेन इंजारी होना ।

(285)

निष्पत्ति — **शनिस्तथा चेणद्व्रमुत्तमांगे**
वाताग्निशस्त्रैः पतनेन वापि । *— सर्वार्थ चिंतामणि*

परिणाम — लग्न स्वामी शनिश्चर लग्न में पापग्रह के साथ होवे या पापग्रह से दृष्ट होवे तो अग्नि, शस्त्र अथवा गिरने के चोट से शिर में व्रण होवे ।

आत्मघाती योग

(286)

निष्पत्ति — **लग्नपः पापसंयुक्तो लग्ने वा पापमध्यगे।**
लग्नात्सप्तमगः पापस्तदा चात्महतिर्भवेत् ॥
— मानसागरी अ० 4/33, पृ० 265

परिणाम — लग्नेश पापग्रह से युक्त हो अथवा लग्न पापग्रहों के मध्य में हो और लग्न से सप्तम घर में पापग्रह हो तो वह आत्मघाती होता है ।

उपाय—
1. महामृत्युंजय का जाप करावें ।
2. शिवकवच धारण करें ।
3. एकमुखी रुद्राक्ष पहनें ।
4. लग्नेश को बलवान करें ।
5. आदित्यहृदय स्तोत्र का नित्य पाठ करें ।

(287)

निष्पत्ति — क्रूरे लग्ने भवेज्जातः स्वामी क्रूरराशिगः।
आत्मघातो भवेत्तस्य शरीरे कष्टमादिशेत्॥

— मानसागरी अ० 4/89, पृ० 274

परिणाम — लग्न में क्रूर ग्रह हो और लग्नेश क्रूर ग्रह की राशि में हो तो कष्ट से उबकर जातक आत्महत्या कर लेता है।

उपाय— 1. महामृत्युंजय का प्रयोग करें।
2. शिवकवच धारण करें।
3. एकमुखी रुद्राक्ष पहनें।
4. लग्नेश को बलवान करें।
5. आदित्यहृदय स्तोत्र का नित्य पाठ करें।

विषमृत्यु योग

(288)

निष्पत्ति — षष्ठाष्टमे यदा चन्द्रो बुधयुक्तश्च तिष्ठति।
विषदोषेण बालस्य तदा मरणमुच्यते॥

— मानसागरी अ० 4/45, पृ० 267

परिणाम — बुधयुक्त चंद्रमा छठे या आठवें घर में हो तो उस बातक की विष दोष से मृत्यु होती है।

उपाय— 1. अजनबी व्यक्ति के हाथ की दी हुई वस्तु न खावें।
2. बासी भोजन भूल कर भी न करें।

निष्ठुरभाषी योग

(289)

निष्पत्ति — यदि चंद्रमा और शनि युक्त हों तो यह योग बनता है।

परिणाम — जातक बातचीत में निष्ठुर होगा।

सावधानी— 1. कम से कम बात करें।
2. जब भी बोलें मधुरतापूर्वक मीठी वाणी बोलने का प्रयास करें।
3. गले में अभिमंत्रित चंद्रमा धारण करें।

करच्छेद योग

(290)

निष्पत्ति — यदि शनि और बृहस्पति नवम या तीसरे स्थान में हों तो यह योग बनता है।

परिणाम — जातक के हाथ कट जाएंगे, अथवा किसी दुर्घटना या बीमारी द्वारा भी नष्ट हो सकते हैं।

सिरच्छेद योग

(291)

निष्पत्ति — षष्ठेश को शुक्र से युक्त होना चाहिए जब कि सूर्य या शनि को क्रूर षष्ठयंश में राहु को युक्त होना चहिए।

परिणाम — जातक की मृत्यु सिर कटने के कारण होगी, अथवा किसी दुर्घटना या बीमारी से 'ब्रेन हेमरेज' हो सकता है। दिमाग की नस भी फट सकती है।

उपाय—
1. महामृत्युंजय का प्रयोग करावें।
2. रक्षाकवच धारण करें।

नासाच्छेदयोग

(292)

निष्पत्ति — **शुक्रे षष्ठे कुजेंगे नासाच्छेदः।** *—जातकतत्व*

परिणाम — छठें स्थान में शुक्र और लग्न में मंगल होवे तो (नासाच्छेद) नाक काटी जाती है। यह तीव्र मानहानि का संकेत है।

उपाय — परनिंदा और किसी का भी अपमान करने की प्रवृत्ति का त्याग करें।

(293)

निष्पत्ति— **षष्ठस्थानगते शुक्रे तनुस्थानगते कुजे**
नासाच्छेदकरोयोग वदामि मुनिसत्तम। *—मानसागरी*

परिणाम — जन्मकाल में छठें स्थान में शुक्र और लग्न में मंगल होवे तो मुनियों ने नासाच्छेद योग कहा है। यह तीव्र मानहानि का संकेत है।

उपाय — परनिंदा और किसी का भी अपमान करने की प्रवृत्ति का त्याग करें।

दुर्मरण योग

(294)

निष्पत्ति — यदि लग्नाधिपति से दृष्ट होकर चंद्रमा 6, 8 या 12वें भाव में शनि मांदि या राहु से युक्त हो तो यह योग बनता है।

परिणाम — जातक की अस्वाभाविक मृत्यु होगी। इसे अकाल मृत्यु भी कहते हैं।

उपाय—

1. महामृत्युंजय का प्रयोग करावें।
2. एकमुखी रुद्राक्ष धारण करें।
3. शिवकवच एवं रक्षा कवच नित्य साथ रखें।

निर्लज्ज योग

(295)

निष्पत्ति — **चंद्रज्ञौ भौमदृष्टौ विलज्जः ॥** *—जातकतत्व 3/50*

परिणाम — चंद्रमा और बुध यह दोनों ग्रहों को मंगल देखता होवे तो मनुष्य निर्लज्ज होता है अर्थात् मुंहफट होता है तथा दीन-दुनिया की परवाह नहीं करता।

(296)

निष्पत्ति — **क्षीणेदौ सारे त्रिके विलज्जः ॥** *—जातकतत्व 3/51*

परिणाम — क्षीण चंद्रमा मंगल से युक्त त्रिक स्थान में 6/8/12 में होवे तो मनुष्य निर्लज्ज होता है अर्थात् मुंहफट होता है तथा दीन-दुनिया की परवाह नहीं करता।

(297)

निष्पत्ति — **ज्ञाच्छांवगे भौमे विलज्जः ॥** *—जातकतत्व 3/52*

परिणाम — बुध, शुक्र लग्न में हो और सातवें स्थान में मंगल होवे तो मनुष्य निर्लज्ज होता है अर्थात् मुंहफट होता है तथा दीन-दुनिया की परवाह नहीं करता।

(298)

निष्पत्ति — **जीवेंगे भौमदृष्टे विलज्जः ॥** *—जातकतत्व 3/53*

परिणाम — लग्न में गुरु भौम से दृष्ट होवे तो मनुष्य निर्लज्ज होता है अर्थात् मुंहफट होता है तथा दीन-दुनिया की परवाह नहीं करता।

सलज्जयोग

(299)

निष्पत्ति— **चंद्रारौधूने गुरुदृष्टौ सलज्जः ॥** *—जातकतत्व 3/54*

परिणाम — सातवें स्थान में चंद्रमा और मंगल गुरु से दृष्ट होवे तो प्राणी सलज्ज होता है। अर्थात् शंकालु एवं संकोचयुक्त मनोवृत्ति वाला होता है।

निर्व्यसनी योग

(300)

निष्पत्ति — **सबलेंगेशे निर्व्यसनी।** *—जातकतत्व 3/115*

परिणाम — लग्न का स्वामी बलवान होवे तो निर्व्यसनी होता है। ऐसा जातक किसी प्रकार का कोई नशा नहीं करता।

(301)

निष्पत्ति — **लग्नेशे लग्ने वा व्यये शुभसंबंधे निर्व्यसनी।**

—जातकतत्व 3/116

परिणाम — लग्न स्वामी लग्न में होवे अथवा बारहवां स्थान शुभग्रहों से संबंध करता होवे तो निर्व्यसनी होता है। ऐसा जातक किसी प्रकार का कोई नशा नहीं करता।

(302)

निष्पत्ति — **धर्मे शुभे निर्व्यसनी।** *—जातकतत्व 3/117*

परिणाम — नवम स्थान में शुभ ग्रह होवे तो निर्व्यसनी होता है। ऐसा जातक किसी प्रकार का कोई नशा नहीं करता।

(303)

निष्पत्ति — **लग्नगेकेंद्रे निर्व्यसनी।** *3/118*

परिणाम — लग्न का स्वामी केंद्र में 1/4/7/10 होवे तो निर्व्यसनी होता है। ऐसा जातक किसी प्रकार का कोई नशा नहीं करता।

कपटीयोग

(304)

निष्पत्ति — **ज्ञारयोगे कपटी।** *—जातकतत्व 3/55*

परिणाम — बुध, मंगल का जोग कोई भी स्थान में होवे तो जातक कपटी होता है।

उपाय — जातक को चांदी के चंद्रमा में गुरु का रत्न पुखराज अभिमंत्रित करके पहनावें।

(305)

निष्पत्ति — **पापान्विते ज्ञे बलाढ्ये के कपटी।** *—जातकतत्व 3/56*

परिणाम — बलवान बुध पापग्रह से युक्त नवम स्थान में होवे तो कपटी होता है।

उपाय — जातक को चांदी के चंद्रमा में गुरु का रत्न पुखराज अभिमंत्रित करके पहनावें।

(306)

निष्पत्ति — **सोत्ये कुजे शुभदृग्धीने कपटी।** *—जातकतत्व 3/57*

परिणाम — तीसरे स्थान में गया हुआ मंगल शुभ ग्रहों से अदृष्ट होवे तो कपटी होता है।

उपाय — जातक को चांदी के चंद्रमा में गुरु का रत्न पुखराज अभिमंत्रित करके पहनावें।

(307)

निष्पत्ति — **सुखेशे वा भाग्येशे षष्ठे कपटी॥** *—जातकतत्व 3/58*

परिणाम — चौथे स्थान का स्वामी अथवा नवमें स्थान का स्वामी छठें स्थान में होवे तो जातक कपटी होता है।

उपाय — जातक को चांदी के चंद्रमा में गुरु का रत्न पुखराज अभिमंत्रित करके पहनावें।

(308)

निष्पत्ति — **मेषे ज्ञे कपटी।** —*जातकतत्व 3/59*

परिणाम — मेष राशि का बुध होवे तो जातक कपटी होता है।

उपाय — जातक को चांदी के चंद्रमा में गुरु का रत्न पुखराज अभिमंत्रित करके पहनावें।

(309)

निष्पत्ति — **पापयुते वा पापदृष्टे सुखे कपटी।** —*जातकतत्व 3/60*

परिणाम — चतुर्थ स्थान पापग्रह से युक्त तथा दृष्ट हो तो जातक कपटी होता है।

उपाय — जातक को चांदी के चंद्रमा में गुरु का रत्न पुखराज अभिमंत्रित करके पहनावें।

(310)

निष्पत्ति — **पापांतरे तुर्ये कपटी॥** —*जातकतत्व 3/61*

परिणाम — पापग्रह के मध्य में चतुर्थ स्थान होवे तो जातक कपटी होता है।

उपाय — जातक को चांदी के चंद्रमा में गुरु का रत्न पुखराज अभिमंत्रित करके पहनावें।

(311)

निष्पत्ति — **कर्मपे वा रंध्रपे सुखे कपटी।** —*जातकतत्व 3/62*

परिणाम — दशम स्थान का स्वामी या अष्टम स्थान का स्वामी चतुर्थ स्थान में हो तो जातक कपटी होता है।

उपाय — जातक को चांदी के चंद्रमा में गुरु का रत्न पुखराज अभिमंत्रित करके पहनावें।

हत्कपटी योग

(312)

निष्पत्ति — **शन्यारतमोन्यतमे पाताले हत्कपटी ॥** —*जातकतत्व 3/63*

परिणाम — शनि, मंगल और राहु इन तीनों में से एक ही ग्रह चतुर्थ स्थान में हो तो कपटी होता है ।

उपाय — जातक को चांदी के चंद्रमा में गुरु का रत्न पुखराज अभिमंत्रित करके पहनावें ।

(313)

निष्पत्ति — **राहुमंदारयोगे हत्यकपटी ॥** —*जातकतत्व 3/64*

परिणाम — राहु, शनि और मंगल इन तीनों ग्रहों का योग एक ही स्थान में हो तो जातक हत्कपटी याने मन से कपटी होता है ।

उपाय — जातक को चांदी के चंद्रमा में गुरु का रत्न पुखराज अभिमंत्रित करके पहनावें ।

निष्कपटी योग

(314)

निष्पत्ति — **सुखे स्वर्क्षोच्चगे शुभे निष्कपटी ॥** —*जातकतत्व 3/65*

परिणाम — स्वराशि तथा उच्च राशि में गया हुआ शुभ ग्रह चौथे स्थान में होवे तो जातक निष्कपटी होता है । यह एक शुभ योग है जो सज्जनता के गुणों में वृद्धि करता है ।

(315)

निष्पत्ति — **सुखेशे बलाढ्ये निष्कपटी ।** —*जातकतत्व 3/66*

परिणाम — चौथे स्थान का स्वामी बलवान हो तो निष्कपटी होता है । यह एक शुभ योग है जो सज्जनता के गुणों में वृद्धि करता है ।

(316)

निष्पत्ति — **तुर्ये शुभर्क्ष मित्रान्वितदृष्टे निष्कपटी ।** —*जातकतत्व 3/67*

परिणाम — चौथे स्थान में शुभग्रह की (2/7/3/6/9/12/4) अपने स्वामी के मित्र ग्रह से युक्त तथा दृष्ट हो तो जातक निष्कपटी होता है। यह एक शुभ योग है जो सज्जनता के गुणों में वृद्धि करता है।

(317)

निष्पत्ति — **हृदयेशे गोपुराद्यंशे निष्कपटी।** —*जातकतत्व*

परिणाम — चौथे स्थान का स्वामी गोपुरादि अंश में हो तो जातक निष्कपटी होता है। यह एक शुभ योग है जो सज्जनता के गुणों में वृद्धि करता है।

(318)

निष्पत्ति — **पाताले मृद्धंशादियुते निष्कपटी।** —*जातकतत्व*

परिणाम — चतुर्थ भाव मृद्वंशादिक में होवे तो जातक निष्कपटी होता है। यह एक शुभ योग है जो सज्जनता के गुणों में वृद्धि करता है।

(319)

निष्पत्ति — **लग्नेशेंबुगे शुभे युतेक्षिते निष्कपटी।** —*जातकतत्व 3/70*

परिणाम — लग्न स्वामी चौथे स्थान में जावे, शुभग्रह से युक्त तथा दृष्ट होवे तो जातक निष्कपटी होता है। यह एक शुभ योग है जो सज्जनता के गुणों में वृद्धि करता है।

(320)

निष्पत्ति — **लग्नेशे बलाढ्ये निष्कपटी।** —*जातकतत्व 3/71*

परिणाम — लग्नेश्वर बलवान हो तो जातक निष्कपटी होता है। यह एक शुभ योग है जो सज्जनता के गुणों में वृद्धि करता है।

(321)

निष्पत्ति — **लग्नपे पारावताद्यंशे निष्कपटभ।** —*जातकतत्व*

परिणाम — लग्न का स्वामी पारावतादि अंश में होवे तो जातक निष्कपटी होता है। यह एक शुभ योग है जो सज्जनता के गुणों में वृद्धि करता है।

(322)

निष्पत्ति — **लग्ने गुरौ शुक्रदृष्टे निष्कपटी।** *—जातकतत्व*

परिणाम — शुक्र से दृष्ट बृहस्पति लग्न में होवे तो जातक निष्कपटी होता है। यह एक शुभ योग है जो सज्जनता के गुणों में वृद्धि करता है।

क्षणमात्र कपटी पश्चात निष्कपटी योग

(323)

निष्पत्ति — **इंद्वर्कौ तुर्ये क्षणमात्रं कपटी उर्ध्व निष्कपटी।**

—जातकतत्व 3/73

परिणाम — सूर्य, चंद्रमा का योग चौथे स्थान में होवे तो जातक क्षणमात्र कपटी पश्चात निष्कपटी होता है।

बाहर निष्कपटी अंतःकरण कपटी योग

(324)

निष्पत्ति — **तुर्येतमसि पापयुतदृष्टे बहिः शुद्धोऽतः कपटी।**

—जातकतत्व 3/74

परिणाम — पापग्रह से युक्त तथा दृष्ट राहु चौथे स्थान में स्थित होवे तो जातक बाहर तो निष्कपटी और अंतःकरण में कपटी होता है।

(325)

निष्पत्ति — **तुर्ये बहु पापयुतदृष्टे पूर्ववत्।** *— जातकतत्व 3/75*

परिणाम — चौथे स्थान में बहुत पापग्रह युक्त हों तथा देखते होवें तो बाहर निष्कपटी और अंतःकरण में कपट होता है।

चोर योग

(326)

निष्पत्ति — **अंशे गुलिके चौरः।** *—जातकतत्व*

परिणाम — कारकांश लग्न में गुलिक युक्त हो तो जातक चोर होता है।

उपाय — मन पर नियंत्रण रखें एवं सज्जन व्यक्तियों का संग करें।

(327)

निष्पत्ति — **सुखेशे षष्टे चौरः।** *—जातकतत्व 3/104*

परिणाम — चौथे स्थान का स्वामी छठें स्थान में होवे तो चोर होता है।

उपाय — मन पर नियंत्रण रखें एवं सज्जन व्यक्तियों का संग करें।

(328)

निष्पत्ति — **धने रंध्रेशे चौरः।** *—जातकतत्व 3/105*

परिणाम — आठवें स्थान का स्वामी धन स्थान में होवे तो जातक चोर होता है।

उपाय — मन पर नियंत्रण रखें एवं सज्जन व्यक्तियों का संग करें।

(329)

निष्पत्ति — **अंशे केतौ चौरः।** *3/101*

परिणाम — कारकांश कुंडली के लग्न में केतु होवे तो जातकतत्व चोर होता है।

उपाय — मन पर नियंत्रण रखें एवं सज्जन व्यक्तियों का संग करें।

(330)

निष्पत्ति — **मूर्तौ क्रूरास्तृतीये च लाभे चापि विशेषतः।**
नीचग्रहेण संदृष्टः जायते चोरमानवः॥ *होरा रत्न*

परिणाम — लग्न तृतीय और लाभ स्थान में पापग्रह हो और नीच राशिस्थ ग्रह देखता हो तो जातक चोर होता है।

उपाय — मन पर नियंत्रण रखें एवं सज्जन व्यक्तियों का संग करें।

(331)

निष्पत्ति — **सहजेशः स्थितो लाभे यदि नीचपदानुगः।**
लग्ननाथो व्यये भावो वातिनीचश्च चोरजः॥ *— होरा रत्न*

परिणाम — तृतीय स्थान का स्वामी लाभस्थान में नीच का हो और लग्न का स्वामी बारहवें स्थान में हो तो जातक अति नीच चोर होता है।

उपाय — मन पर नियंत्रण रखें एवं सज्जन व्यक्तियों का संग करें।

महाचोर योग

(332)

निष्पत्ति — **सप्तमे मंदभौमज्ञा वा चतुर्थगता इमे।
पूर्णदृष्टया चंद्रदृष्टा उच्चचौरो भवेन्नरः ॥** — *होरा रत्न*

परिणाम — सातवें स्थान में शनिश्चर, मंगल और बुध हो और यही ग्रह चौथे स्थान में चंद्रमा देखता हो तो चोरों का राजा होता है।

उपाय — मन पर नियंत्रण रखें एवं सज्जन व्यक्तियों का संग करें।

चोर योग

(333)

निष्पत्ति — **रिपुगौ सबलौ ज्ञारौ चौरः।** —*जातकतत्व 3/106*

परिणाम — बलवान मंगल, बुध छठें स्थान में जावे तो जातक चोर होता है।

उपाय — मन पर नियंत्रण रखें एवं सज्जन व्यक्तियों का संग करें।

(334)

निष्पत्ति — **ज्ञारौ लग्ने चौरः।** — *जातकतत्व 3/107*

परिणाम — बुध मंगल का जोग लग्न में हो तो जातक चोर होता है।

उपाय — मन पर नियंत्रण रखें एवं सज्जन व्यक्तियों का संग करें।

(335)

निष्पत्ति — **भाग्येशे षष्ठराशिस्थे षष्ठेशेन निरीक्षिते
षष्ठेशे मंदभौमाभ्यां युते चौराग्निपीडनम्।** — *सर्वार्थ चिंतामणि*

परिणाम — नवमे स्थान का स्वामी छठें स्थान में हो और छठें स्थान का स्वामी देखता हो तो चोर होता है।

उपाय — मन पर नियंत्रण रखें एवं सज्जन व्यक्तियों का संग करें।

(336)

निष्पत्ति — **शुभदृष्टा ज्ञारचंद्राः केंद्रस्थाश्चौरमानवः
षष्ठस्थाने बुधारौचेत्तदा भवति तस्करः।**

— *सर्वार्थ चिंतामणि*

परिणाम — बुध, मंगल और चंद्रमा केंद्र में शुभग्रह दृष्ट हों तो जातक चोर होता है ।

उपाय — मन पर नियंत्रण रखें एवं सज्जन व्यक्तियों का संग करें ।

(337)

निष्पत्ति — **सबलौ रिपुगौ सौम्य भौमौचौर्यपरोनरः**
भवेत्स्कर्मसामर्थाच्छितत्यं ध्रिकरानरीन् ।

— ज्योतिष शास्त्र संग्रह

परिणाम — छठें स्थान में बलवान बुध, मंगल के साथ हो तो चोर होता है । और अपने कर्म में होशियार होकर हाथ-पैर काटे जाते हैं ।

उपाय — मन पर नियंत्रण रखें एवं सज्जन व्यक्तियों का संग करें ।

(338)

निष्पत्ति – **कर्केर्कजो मृगे भौमः सूनौ चौर्यप्रसंगतः**
दंडाच्छास्त्रादिखंशानि तस्य जंतोर्भवंति हि ।

— ज्योतिष शास्त्र संग्रह

परिणाम — जन्म काल में कर्क का शनिश्चर, मकर का मंगल हो उस मनुष्य के चोरों के दंगल में हाथ-पैर खंडित हो जाते हैं ।

उपाय — मन पर नियंत्रण रखें एवं सज्जन व्यक्तियों का संग करें ।

(339)

निष्पत्ति — **चंद्रज्ञारैः शुभदृशमृते केंद्रगैरतस्करः स्यात् ।**

— बृहद् योगरत्नाकर पृ० –69

परिणाम — चंद्रमा, बुध और मंगल केंद्र में हो और शुभग्रह की दृष्टि न हो तो जातक चोर होता है ।

उपाय — मन पर नियंत्रण रखें एवं सज्जन व्यक्तियों का संग करें ।

(340)

निष्पत्ति — **द्यूने मंदे शशिकुजबुधैर्वीक्षिते तु प्रसिद्धः ।**
भौमे केंद्रे गुरुसितदृषा वर्जिते स्तेज्ञभौम
क्रोडैरिंदोरपि रिपुदृशा ज्ञारचंद्रार्किर्युक्तया ॥

— बृहद् योगरत्नाकर पृ० –65

परिणाम— 1. सातवें स्थान में शनेश्चर हो, चंद्रमा, मंगल और बुध को देखता हो तो चोर होता है ।

2. मंगल केंद्र में हो । बृहस्पति, शुक्र देखते हों तो जातक चोर होता है ।

3. शनिश्चर, बुध और मंगल सप्तम स्थान में हों और चंद्रमा देखता हो तो चोर होता है ।

4. शनिश्चर बुध, चंद्रमा और मंगल एक राशि में हों तो जातक चोर होता है ।

उपाय — मन पर नियंत्रण रखें एवं सज्जन व्यक्तियों का संग करें ।

(341)

निष्पत्ति — **मूर्तौ राहुस्तृतीये च लाभे वापि विशेषतः ।**
तेषां स्वामीवैहीने चोरो भवति नान्यथा।

— बृहद् योगरत्नाकर पृ० –65

परिणाम — लग्न तृतीय और लाभ स्थान में राहु हो और उसका स्वामी नीच का हो तो जातक चोर होता है ।

उपाय — मन पर नियंत्रण रखें एवं सज्जन व्यक्तियों का संग करें ।

(342)

निषपत्ति — **दुश्चिक्याधिपतिनींचे नीचग्रहसमन्वितः**
लग्नपो यदि नीचस्थो चौरो भवति मानवः ॥

— बृहद् योगरत्नाकर पृ० –66

परिणाम — तीसरे स्थान का स्वामी नीच का हो, नीच ग्रह से युक्त हो और लग्न का स्वामी भी नीच का हो तो चोर होता है ।

उपाय — मन पर नियंत्रण रखें एवं सज्जन व्यक्तियों का संग करें ।

(343)

निष्पत्ति — **तृतीये यदि नीचस्थो शनैश्चर विशेषतः**
नीचग्रहेण संदृष्टः जायते चौरमानुषः ।

— बृहद् योगरत्नाकर पृ० –66

परिणाम — तीसरे स्थान में नीच का शनैश्चर हो और नीचग्रह से दृष्ट हो तो जातक चोर होता है ।

उपाय — मन पर नियंत्रण रखें एवं सज्जन व्यक्तियों का संग करें ।

(344)

निष्पत्ति — **तृतीये च यदा नीचे कुजराहुशनैश्चरा:**
भावाधीशो हि नीचस्थ: चौर्येणैव पुराधम: ।

— बृहद् योगरत्नाकर पृ० –66

परिणाम — तीसरे स्थान में मंगल, शनिश्चर, राहु इसी में से ग्रह नीच का हो और लग्न का स्वामी भी नीच का हो तो जातक चोराधम होता है ।

उपाय — मन पर नियंत्रण रखें एवं सज्जन व्यक्तियों का संग करें ।

(345)

निष्पत्ति — **व्यये क्रूरे धने क्रूरे दुश्चिक्येनाविशेषत: ।**
भावानां स्वामि नीचस्थो चौर जातो भविष्यति ॥

— बृहद् योगरत्नाकर पृ० –67

परिणाम — दूसरे, बारहवें और तीसरे स्थान में पाप ग्रह हो और उसका स्वामी नीच का हो तो जातक चोर होता है ।

उपाय — मन पर नियंत्रण रखें एवं सज्जन व्यक्तियों का संग करें ।

(346)

निष्पत्ति — **सहजे च स्थिता: क्रूरा यदि नीचपदानुगा:**
लग्ननाथो व्यये भावे स जातो चौर मानव: ।

— बृहद् योगरत्नाकर पृ० –67

परिणाम — तीसरे स्थान में क्रूर ग्रह नीच का हो और लग्न का स्वामी बारहवें स्थान में हो तो चोर होता है ।

उपाय— मन पर नियंत्रण रखें एवं सज्जन व्यक्तियों का संग करें ।

(347)

निष्पत्ति — **लग्नाधिपो हि क्रूरोक्तं लग्नभं नीचसंयुतं**
सहजाधिपोतिविष्टावै व्ययभावे च तस्कर: ।

— बृहद् योगरत्नाकर पृ० –67

परिणाम — लग्न का स्वामी क्रूर ग्रह की राशि में हो और लग्न में नीच राशि का ग्रह हो और तीसरे स्थान का स्वामी पापग्रह हो और अस्तगत बारहवें स्थान में हो तो जातक चोर होता है ।

उपाय — मन पर नियंत्रण रखें एवं सज्जन व्यक्तियों का संग करें ।

चोराधिपति योग

(348)

निष्पत्ति — **लग्नभावपतिनीचे क्रूरग्रहसमागते।**
लाभस्वामी तृतीयस्थो नीचो चौराधिपो नरः ॥

— बृहद् योगरत्नाकर पृ० –68

परिणाम — लग्न का स्वामी नीच राशि का क्रूर ग्रह के साथ हो और लाभ स्वामी तीसरे स्थान में हो तो चोरों का राजा होता है।

उपाय — मन पर नियंत्रण रखें एवं सज्जन व्यक्तियों का संग करें।

(349)

निष्पत्ति — **पापाष्टमे मुहूर्तेपि बुधभौमो यदा भवेत्**
तस्करो घोरकर्माणि करपादौ विनश्यति। *— जातकी*

परिणाम — अष्टम स्थान में पापग्रह हो और बुध, मंगल लग्न में साथ हो तो जातक चोरों का राजा, घोरकर्म करने वाला होकर हाथ और पैर काटे जाते हैं।

उपाय — मन पर नियंत्रण रखें एवं सज्जन व्यक्तियों का संग करें।

आलसी योग

(350)

निष्पत्ति — **इज्यमंदयोगे अलसः।** *— जातकतत्व 3/204*

परिणाम — बृहस्पति और शनिश्चर का योग होवे तो जातक आलसी होता है।

उपाय — लग्न को बलवान करे, और लग्नेश का रत्न पहनें।

(351)

निष्पत्ति — **लग्नेशे मंदान्विते अलसः।** *— जातकतत्व 3/205*

परिणाम — लग्न का स्वामी शनिश्चर से युक्त होवे तो जातक आलसी होता है।

उपाय — लग्न को बलवान करें, लग्नेश का रत्न पहनें।

(352)

निष्पत्ति — **लग्नेशे निर्बले अलसः ।** — *जातकतत्व 3/206*

परिणाम — लग्नेश्वर निर्बली होवे तो आलसी होता है ।

उपाय — लग्न को बलवान करें, लग्नेश का रत्न पहनें ।

(353)

निष्पत्ति — **लग्ने पापदृष्टयाधिक्ये अलसः ।** — *जातकतत्व 3/207*

परिणाम — लग्न पर पापग्रह की दृष्टि अधिक होवे तो जातक आलसी होता है ।

उपाय — लग्न को बलवान करें, लग्नेश का रत्न पहनें ।

कातरयोग

(354)

निष्पत्ति — **निर्बलारेणांगे दृष्टे कातरः ।** — *जातकतत्व 3/78*

परिणाम — जन्म लग्न को निर्बली मंगल देखता हो तो जातक कातर (डरपोक) होता है ।

उपाय — लग्नेश को बलवान करें, लग्नेश का रत्न पहनें ।

(355)

निष्पत्ति — **रात्रौ शनौ दशमे कातरः ।** — *जातकतत्व 3/79*

परिणाम — रात्रि के समय में जन्म हो और शनिश्चर दशम स्थान में स्थित हो तो जातक कातर होता है ।

उपाय — लग्नेश को बलवान करें, लग्नेश का रत्न पहनें ।

(356)

निष्पत्ति — **स्वर्क्षण भौमदृष्टेंगे कातरः ।** — *जातकतत्व 3/80*

परिणाम — स्वराशि का 1/8 मंगल लग्न को देखता हो तो जातक कातर होता है ।

उपाय — लग्नेश को बलवान करें, लग्नेश का रत्न पहनें ।

(357)

निष्पत्ति — **अंशाद्विक्रमे पापे शूरः शुभे कातरः ।** — *जातकतत्व 3/81*

परिणाम — कारकांश लग्न से तीसरे स्थान में पापग्रह हो तो जातक शूर होता है । और शुभग्रह हो तो कातर (डरपोक) होता है ।

उपाय — लग्नेश को बलवान् करें, लग्नेश का रत्न पहनें ।

जातिभ्रष्ट योग

(358)

निष्पत्ति — **ज्ञेन्द्वर्कजा नीचारी भागगाजातिच्युतिः ।** — *जातकतत्व 3/192*

परिणाम — बुध, चंद्रमा, शनिश्चर ये तीनों ग्रह नीच तथा शत्रु राशि के नवांश होवें तो जातक जाति बाहर होता है ।

विशेष — ऐसा जातक स्वजाति बंधुओं से अत्यल्प संपर्क रखता है तथा अन्य जाति के लोगों से अत्यधिक संपर्क रखता है ।

उपाय—
1. जातिबंधुओं के प्रति अपने व्यवहार में रूखापन कम करें ।
2. निकट रिश्तेदारों से घनिष्ठता बढ़ावें ।

जातिच्युति योग

(359)

निष्पत्ति — **द्विःस्वभावं तु लग्नं वै शनियुक्तं तु लग्नपः ।**
शनेगृहे स्थितश्चैव जातिभ्रष्टो भवेन्नरः ॥

— *होरा रत्न*

परिणाम — द्विस्वभावराशि (मिथुन, कन्या, धनु और मीन) इन राशि के लग्न हो और लग्न स्वामी शनि के साथ शनि के स्थान में 10/11 हो तो जातक जाति बाहर होता है ।

विशेष — ऐसा जातक स्वजाति बंधुओं से अत्यल्प संपर्क रखता है तथा अन्य जाति के लोगों से अत्यधिक संपर्क रखता है ।

उपाय—
1. जातिबंधुओं के प्रति अपने व्यवहार में रूखापन कम करें ।
2. निकट रिश्तेदारों से घनिष्ठता बढ़ावें ।

जातिनाशयोग

(360)

निष्पत्ति — **द्विःस्वभाव तनवो हि संयुता राहुमंदजगती सुतैस्तथा।**
लग्नभं तु तनुपो न पश्यति जातिनाशमतुलं नरो भवेत्॥

— होरा रत्न

परिणाम — द्विस्वभाव 3/6/9/12 राशि में से कोई भी राशि लग्न में हो अर्थात् द्विस्वभाव राशि का लग्न हो, लग्न में शनिश्चर तथा राहु हो लग्नस्वामी लग्न को दृष्ट हो तो जातक जाति का नाश करता है।

विशेष — ऐसा जातक स्वजाति बंधुओं से अत्यल्प संपर्क रखता है तथा अन्य जाति के लोगों से अत्यधिक संपर्क रखता है।

उपाय—
1. जातिबंधुओं के प्रति अपने व्यवहार में रूखापन कम करें।
2. निकट रिश्तेदारों से घनिष्ठता बढ़ावें।

नीचजाति योग

(361)

निष्पत्ति — **सक्रूरं तु विलग्नभं तनुपतिः क्रूरेण युक्तो तथा।**
दृष्टो वा खलु नीचगो व्ययगतोवर्गं तु नीचं लभेत्॥

— होरा रत्न

परिणाम — लग्न में पापग्रह हो लग्नस्वामी क्रूरग्रह से युक्त तथा दृष्ट हो लग्न स्वामी नीच का अथवा व्ययस्थान में पापग्रह से दृष्ट हो तो जातक नीच जाति में जाता है।

विशेष — ऐसा जातक स्वजाति बंधुओं से अत्यल्प संपर्क रखता है तथा अन्य जाति के लोगों से अत्यधिक संपर्क रखता है।

उपाय—
1. जातिबंधुओं के प्रति अपने व्यवहार में रुखापन कम करें।
2. निकट रिश्तेदारों से घनिष्टता बढ़ावें।

जातिभ्रष्ट योग

(362)

निष्पत्ति — **लग्नस्थो क्रूरखेटो वे सप्तमेऽपिव्ययेऽपि च**
लग्नस्वामी च सक्रूरः शनियुक्तो विशेषतः । *—होरा रत्न*

परिणाम — लग्न सप्तम और द्वादश स्थान में पापग्रह हो और लग्नस्वामी क्रूरग्रह शनि के साथ हो तो जातक जातिभ्रष्ट होता है ।

विशेष — ऐसा जातक स्वजाति बंधुओं से अत्यल्प संपर्क रखता है तथा अन्य जाति के लोगों से अत्यधिक संपर्क रखता है ।

उपाय—
1. जातिबंधुओं के प्रति अपने व्यवहार में रूखापन कम करें ।
2. निकट रिश्तेदारों से घनिष्ठता बढ़ावें ।

(363)

निष्पत्ति — **लग्नेशाद्धा लग्नात् त्रिकोणगैः पापैः ज्यातिच्युतिः ॥** *—3/191*

परिणाम — लग्न से अथवा लग्नेश से 6/8/12 स्थान में पापग्रह होवे तो मनुष्य जाति बाहर होता है ।

विशेष — ऐसा जातक स्वजाति बंधुओं से अत्यल्प संपर्क रखता है तथा अन्य जाति के लोगों से अत्यधिक संपर्क रखता है ।

उपाय—
1. जातिबंधुओं के प्रति अपने व्यवहार में रूखापन कम करें ।
2. निकट रिश्तेदारों से घनिष्ठता बढ़ावें ।

(364)

निष्पत्ति — **जीवशुक्रौ तु सक्रूरौ चंद्रो नीचं समागतः ।**
कर्मभावाधिमो नीचे जातिभ्रष्टो भवेन्नरः । *—होरा रत्न*

परिणाम — गुरु और शुक्र पापग्रह से युक्त हो और चंद्रमा नीच राशि में तथा दशम का स्वामी भी नीच राशि का हो तो मनुष्य जाति भ्रष्ट होता है ।

विशेष — ऐसा जातक स्वजाति बंधुओं से अत्यल्प संपर्क रखता है तथा अन्य जाति के लोगों से अत्यधिक संपर्क रखता है ।

उपाय—
1. जातिबंधुओं के प्रति अपने व्यवहार में रूखापन कम करें ।
2. निकट रिश्तेदारों से घनिष्ठता बढ़ावें ।

(365)

निष्पत्ति — **सूतौत्रिकस्थानगताः खलाख्या।**
जातिच्युतिं ते मनुजस्य कुर्युः ॥ — *ज्योतिष शास्त्र संग्रह*

परिणाम — 6/8/12 स्थान में पापग्रह होवे तो जातिभ्रष्ट होता है।

विशेष — ऐसा जातक स्वजाति बंधुओं से अत्यल्प संपर्क रखता है तथा अन्य जाति के लोगों से अत्यधिक संपर्क रखता है।

उपाय— 1. जातिबंधुओं के प्रति अपने व्यवहार में रूखापन कम करें।
2. निकट रिश्तेदारों से घनिष्ठता बढ़ावें।

(366)

निष्पत्ति — **सर्वे क्रूराश्च लग्नस्था लग्नेशोऽस्तंगतो नरः।**
जातिभ्रंशमवाप्नोति वर्णान्यत्वं लभेत्तु सः ॥

— *ज्योतिष शास्त्र संग्रह*

परिणाम — लग्न में सब क्रूरग्रह हों और लग्न का स्वामी अस्तंगत होवे तो जातिभ्रष्ट होता है।

विशेष — ऐसा जातक स्वजाति बंधुओं से अत्यल्प संपर्क रखता है तथा अन्य जाति के लोगों से अत्यधिक संपर्क रखता है।

उपाय— 1. जातिबंधुओं के प्रति अपने व्यवहार में रूखापन कम करें।
2. निकट रिश्तेदारों से घनिष्ठता बढ़ावें।

(367)

निष्पत्ति — **लग्ननाथो व्यये जातः शनियुक्तस्तु लग्नभं।**
तमोयुक्ते नरो लोके जातिभ्रंश मवाप्नुयात् ॥

—*ज्योतिष शास्त्र संग्रह*

परिणाम — लग्नस्वामी बारहवें स्थान में हो और लग्न में शनिश्चर तथा राहु हों तो आदमी जातिभ्रष्ट होता है।

विशेष — ऐसा जातक स्वजाति बंधुओं से अत्यल्प संपर्क रखता है तथा अन्य जाति के लोगों से अत्यधिक संपर्क रखता है।

उपाय— 1. जाति बंधुओं के प्रति अपने व्यवहार में रूखापन कम करें।
2. निकट रिश्तेदारों से घनिष्ठता बढ़ाएं।

(368)

निष्पत्ति — तनुपस्तनुगश्चैव क्रूरग्रहसमायुतः।
व्ययस्यानो धने नीचो जातिभ्रंशमवाप्नुयात्॥

—*ज्योतिष शास्त्र संग्रह*

परिणाम — लग्नस्वामी लग्न में पापग्रह से युक्त हो और बारहवें स्थान का स्वामी धनस्थान में नीच का हो तो जातिभ्रष्ट होता है।

विशेष — ऐसा जातक स्वजाति बंधुओं से अत्यल्प संपर्क रखता है तथा अन्य जाति के लागों से अत्यधिक संपर्क रखता है।

उपाय— 1. जाति बंधुओं के प्रति अपने व्यवहार में रूखापन कम करें।
2. निकट रिश्तेदारों से घनिष्ठता बढ़ाएं।

म्लेच्छयोग

(369)

निष्पत्ति — लग्ने क्रूरो व्यये क्रूरो धनगो क्रूर एव च।
लग्नपः क्रूरसंयुक्तो म्लेच्छो भवति सर्वथा॥

—*ज्योतिष शास्त्र संग्रह*

परिणाम — लग्न द्वादश और धन स्थान में पापग्रह हो तथा लग्न स्वामी पापग्रह युक्त हो तो आदमी म्लेच्छ होता है।

विशेष — ऐसा जातक खानपान से अशुद्ध होता है एवं उसकी वृत्तियां निम्नगामी होती हैं। ऐसा व्यक्ति लोकमान्यता एवं परंपरा के विरुद्ध आचरण करता है।

उपाय — कृपया अपनी संगत बदलें एवं व्यवहार बदलें।

(370)

निष्पत्ति — धनस्थाने यदा सौरिः सैंहिकेजो धरात्मजः।
स्थितश्च पंचमस्थाने त्वष्टमे शशिभास्करौ।
द्विजपुत्रो यदा जातो मघवेश्यारतः सदा।
वर्षे विंशतिमे चैव म्लेच्छो भवति नान्यथा॥ —*होरा रत्न*

परिणाम — धनस्थान में शनिश्चर, पंचम में मंगल राहु, अष्टम में सूर्य चंद्रमा हो तो ब्राह्मण कुल में पैदा होकर मद्यपान तथा वेश्यारत होकर 20 साल में म्लेच्छ होता है।

विशेष — ऐसा जातक खानपान से अशुद्ध होता है एवं उसकी वृत्तियां निम्नगामी होती हैं। ऐसा व्यक्ति लोकमान्यता एवं परंपरा के विरुद्ध आचरण करता है।

उपाय — कृपया अपनी सोहबत बदलें एवं व्यवहार बदलें।

(371)

निष्पत्ति — **सकलापापवर्गेषु हीनवीर्याः शुभाग्रहाः।**
क्रूराः केंद्रगतावापि म्लेच्छयोगाः प्रकीर्तिताः॥ —*होरा रत्न*

परिणाम — शुभग्रह पापग्रह के वर्ग में हीनबली हो और क्रूरग्रह केंद्र में हो तो म्लेच्छ योग होता है।

विशेष — ऐसा जातक खानपान से अशुद्ध होता है एवं उसकी वृत्तियां निम्नगामी होती हैं। ऐसा व्यक्ति लोकमान्यता एवं परंपरा के विरुद्ध आचरण करता है।

उपाय — कृपया अपनी सोहबत एवं व्यवहार बदलें।

स्त्रीप्रेमात्म्लेच्छयोग

(372)

निष्पत्ति — **लग्ने मंदे भास्करे घूनसंस्थे**
पुण्यस्थे वा संस्थितावेकराशौ।
श्रेष्ठो मर्त्यो नीचयोषानुसंगात्
म्लेच्छो नूनं जायते नान्यथात्र॥ —*होरारत्न*

परिणाम — लग्न में शनिश्चर, सातवें सूर्य हो अथवा नवम स्थान में सूर्य शनैश्चर एकराशि में स्थित होवे तो श्रेष्ठ कुल में पैदा हुआ मनुष्य नीच जाति के स्त्री के संग से म्लेच्छ हो जाता है।

विशेष — ऐसा जातक खानपान से अशुद्ध होता है एवं उसकी वृत्तियां निम्नगामी होती हैं। ऐसा व्यक्ति लोकमान्यता एवं परंपरा के विरुद्ध आचरण करता है।

उपाय — कृपया अपनी सौहबत एवं व्यवहार बदलें।

म्लेच्छयोग

(373)

निष्पत्ति — **धनस्थानेऽर्कत्रिंशांशे सैंहिकेय धरात्मजौ।**
समसप्तमगः शुक्रश्चाष्टमे शनिभास्करौ।
ब्रह्मपुत्रौ यदा जातो म्लेच्छो भवति निश्चितं ॥ —*होरा रत्न*

परिणाम — धनस्थान में सूर्य के त्रिशांश में राहु मंगल हो और सम राशि का शुक्र हो तथा अष्टम में सूर्य तो ब्रह्मदेवजी का पुत्र भी मलेच्छ होता है।

विशेष — ऐसा जातक खानपान से अशुद्ध होता है एवं उसकी वृत्तियां निम्नगामी होती हैं। ऐसा व्यक्ति लोकमान्यता एवं परंपरा के विरुद्ध आचरण करता है।

उपाय — कृपया अपनी सोहबत एवं व्यवहार बदलें।

(374)

निष्पत्ति — **लग्नेर्कज भूमिसुते सुखस्थे नभस्थले भूमिसुतेप्रसूतजे :।**
म्लेच्छो भवेद्वेदविदांकुलेऽपि केंद्रे नयातौ यदि भार्गवेज्यौ ॥
—*होरा रत्न*

परिणाम — लग्न में सूर्य चौथे और दशम स्थान में मंगल हो और केंद्र में बृहस्पति शुक्र न हो तो श्रेष्ठ ब्राह्मण कुल में पैदा हुआ आदमी भी म्लेच्छ होता है।

विशेष — ऐसा जातक खानपान से अशुद्ध होता है एवं उसकी वृत्तियां निम्नगामी होती हैं। ऐसा व्यक्ति लोक मान्यता एवं परंपरा के विरुद्ध आचरण करता है।

उपाय — कृपया अपनी सोहबत एवं व्यवहार बदलें।

(375)

निष्पत्ति — **तृतीये दशमें सौरिः त्रिकोणस्थो बृहस्पतिः।**
चतुर्थे चाष्टमें भौमः शेषाः सप्तम संस्थिताः ॥
विलग्नादष्टमे स्थाने यदि राहु प्रजायते।
त्रिभिर्मासैस्त्रि भिर्वर्षैर्म्लेच्छो भवति नान्यथा॥ —*होरा रत्न*

परिणाम — तीसरे स्थान व दसवें स्थान में शनिश्चर, नवम तथा पांचवें स्थान में

बृहस्पति, चौथे, आठवें स्थान में मंगल सप्तम में और राहु अष्टम में हो तो तीसरे साल में या तीसरे महीने में म्लेच्छ होता है ।

विशेष — ऐसा जातक खानपान से अशुद्ध होता है एवं उसकी वृत्तियां निम्नगामी होती हैं । ऐसा व्यक्ति लोकमान्यता एवं परंपरा के विरुद्ध आचरण करता है ।

उपाय — कृपया अपनी सोहबत एवं व्यवहार बदलें ।

(376)

निष्पत्ति — **धनस्थाने यदा सौरिश्चह्यष्टमे यदि चंद्रमः ।**
ब्रह्मपुत्रो यदा जातो म्लेच्छो भवति नान्यथा ॥ *—होरा रत्न*

परिणाम— धनस्थान में शनैश्चर और अष्टम स्थान में चंद्रमा हो तो ब्रह्मदेव जी का पुत्र भी म्लेच्छ होता है ।

विशेष — ऐसा जातक खानपान से अशुद्ध होता है एवं उसकी वृत्तियां निम्नगामी होती हैं । ऐसा व्यक्ति लोकमान्यता एवं परंपरा के विरुद्ध आचरण करता है ।

उपाय — कृपया अपनी सोहबत एवं व्यवहार बदलें ।

पातकीयोग

(378)

निष्पत्ति — **लग्नस्थो वाऽष्टमे सौरिः सुखस्थे चाष्टमे कुजे ।**
भावीजात्यंतरे प्राहुर्मुनयो बहुपातकालन् ॥ *—होरा रत्न*

परिणाम — लग्न अथवा अष्टम में शनिश्चर हो, चौथे अथवा आठवें स्थान में मंगल हो तो बहुत पाप (निंदित कर्म) करता है, ऐसा ज्योतिष शास्त्र के ऋषियों का कथन है ।

विशेष — छोटे-छोटे गांवों में छोड़कर, अब बड़े-बड़े शहरों में, विदेशों में आज के संदर्भ में इस प्रकार के योग का कोई महत्त्व नहीं रह गया है । फिर भी जानकारी के लिए, ये योग प्रस्तुत किए जा रहे हैं ।

उपाय — कृपया अपनी सोहबत एवं व्यवहार बदलें ।

ब्राह्मण-गोमांस भक्षण योग

(379)

निष्पत्ति — क्रूरांतरस्थो नलिनीपतिः स्यात् चंद्रो नभस्थो रविराहुमंदात्।
चतुष्टयास्थानगता यदा खला गवामिषं भुकद्विजवंशजोऽपि ॥

—*होरा रत्न*

परिणाम — पापग्रह के बीच में चंद्रमा हो और दशम में चंद्रमा, सूर्य, शनिश्चर राहु हो तथा केंद्र में पापग्रह हो तो ब्राह्मण गौमांस भक्षण करता है ।

विशेष — छोटे-छोटे गांवों को छोड़कर, अब बड़े-बड़े शहरों में, विदेशों में आज के संदर्भ में इस प्रकार के योग का कोई महत्त्व नहीं रह गया है फिर भी जानकारी के लिए, ये योग प्रस्तुत किए जा रहे हैं ।

उपाय — कृपया अपनी सोहबत एवं व्यवहार बदलें ।

मदिरापान योग

(380)

निष्पत्ति — यदिविलग्नगतो रविनंदनः तनुपतिर्यदि पापसमन्वितः ।
सुरगुरुस्तमसा यदि संयुतः खलु नरो मदिरां पिवते हि सः ॥

—*होरा रत्न*

परिणाम — लग्न में शनि व लग्न का स्वामी पापग्रह के साथ हो तथा राहु के साथ गुरु हो तो जातक शराब पीता है ।

विशेष — छोटे-छोटे गांवों को छोड़कर, अब बड़े-बड़े शहरों में, विदेशों में आज के संदर्भ में इस प्रकार के योग का कोई महत्त्व नहीं रह गया है, फिर भी जानकारी के लिए, ये योग प्रस्तुत किए जा रहे हैं ।

उपाय — कृपया अपनी सोहबत एवं व्यवहार बदलें ।

(381)

निष्पत्ति — लग्नगो नीचसंस्थो वे खलखेटस्तु निर्बलः ।
व्यवस्थौ शनिराहू च मदिरां पिबते नरः ॥ —*होरा रत्न*

परिणाम — लग्न में नीच राशि का ग्रह हो और पापग्रह निर्बल हो तथा बारहवें स्थान में शनि राहु हो तो जातक मद्यपायी (शराबी) होता है ।

विशेष — छोटे-छोटे गांवों को छोड़कर, अब बड़े-बड़े शहरों में, विदेशों में आज के संदर्भ में इस प्रकार के योग का कोई महत्त्व नहीं रह गया है, फिर भी जानकारी के लिए, ये योग प्रस्तुत किए जा रहे हैं।

उपाय — कृपया अपनी सोहबत एवं व्यवहार बदलें।

मद्यमांस भक्षण योग

(382)

निष्पत्ति — **जीव सौम्यसितश्चंद्र वक्रगाः क्रूरखेटसहिता अथदृष्टाः।**
लग्नपोथ विबलोथवास्तगो मद्यमांसरसिको नरो भवेत्।

—होरा रत्न

परिणाम — बृहस्पति, बुध, शुक्र वक्री हों और पापग्रह के साथ हों तथा दृष्ट हो लग्न का स्वामी निर्बली या अस्तंगत हो तो जातक मद्य मांस को बड़े शौक से खाता है।

विशेष — छोटे-छोटे गांवों को छोड़कर, अब बड़े-बड़े शहरों में, विदेशों में आज के संदर्भ में इस प्रकार के योग का कोई महत्त्व नहीं रह गया है, फिर भी जानकारी के लिए ये योग प्रस्तुत किए जा रहे हैं।

उपाय — कृपया अपनी सोहबत एवं व्यवहार बदलें।

(383)

निष्पत्ति — **भृगुजीवबुधाश्चैव सक्रा वा स्वनीचगाः।**
मद्यमांस च भृंगी च सेवयेत्तुनरस्सदा॥ *—होरा रत्न*

परिणाम — शुक्र, बृहस्पति और बुध क्रूरग्रह के साथ हों अथवा नीच राशि के हों तो जातक मद्य मांस भक्षण तथा भांग का सेवन करता है।

विशेष — छोटे-छोटे गांवों को छोड़कर, अब बड़े-बड़े शहरों में, विदेशों में आज के संदर्भ में इस प्रकार के योग का कोई महत्त्व नहीं रह गया है, फिर भी जानकारी के लिए ये योग प्रस्तुत किए जा रहे हैं।

उपाय — कृपया अपनी सोहबत एवं व्यवहार बदलें।

□ □

मुंशी प्रेमचंद साहित्य

मानसरोवर प्रेमचंद की सर्वश्रेष्ठ कहानियां

प्रेमचंद की अन्य कहानियां

डायमंड बुक्स डायमंड पॉकेट बुक्स X-30, ओखला इंडस्ट्रि एरिया, फेज-II, नई दिल्ली-20,
फोन : 011: 40712100

डायमंड बुक्स
नवीनतम साहित्य
हिंदी की 11 कालजयी कहानियाँ
हिन्दी की 21 सर्वश्रेष्ठ कहानियाँ
हिन्दी की 31 अनुपम कहानियाँ
अमीर बनो
पैसा कमाने के आसान तरीके
जेपीएस जौली
भारत-चीन
नए रिश्ते, नई राहें
विश्वमोहन
अनुश्री
कविताएँ
प्रेम दीवानी
सत्तांतरण
भारत की आज़ादी का स्वर्णिम सवेरा
डॉ. सतीश चतुर्वेदी
अज्ञातवास के हमसफर
जीतिए
आप जीत सकते हैं
क्रिकेट माफिया को दें शह और मात
Love You
ज़िंदगी
जेपीएस जौली
सफलता की ऊँची छलांग
जेपीएस जौली
21 श्रेष्ठ बालमन की कहानियाँ
ऑस्ट्रेलिया
अरुणा त्रिवेदी
शक्तिस्वरूपा
भारत के 75 विस्मृत वीर
किरण बेदी
निडर प्रशासन
डायमंड बुक्स
X-30, ओखला इंडस्ट्रियल एरिया, फेज-II नई दिल्ली-110020 फोन : 011-40712200
ई-मेल : sales@dpb.in Shop online at www.diamondbook.in

व्यक्तित्व विकास की श्रेष्ठ पुस्तकें